Valérie Kunz

Ich versteh nur Bahnhof!

500 Redewendungen
für den Alltag

Deutsch – Französisch

Hueber Verlag

Das Werk und seine Teile sind urheberrechtlich geschützt.
Jede Verwertung in anderen als den gesetzlich zugelassenen
Fällen bedarf deshalb der vorherigen schriftlichen
Einwilligung des Verlags.

Hinweis zu § 52a UrhG: Weder das Werk noch seine Teile dürfen ohne
eine solche Einwilligung überspielt, gespeichert und in ein Netzwerk
eingespielt werden. Dies gilt auch für Intranets von Firmen und von Schulen
und sonstigen Bildungseinrichtungen.

3.	2.	1.		Die letzten Ziffern
2014	13	12	11	10	bezeichnen Zahl und Jahr des Druckes.

Alle Drucke dieser Auflage können, da unverändert, nebeneinander benutzt werden.
1. Auflage
© 2010 Hueber Verlag, 85737 Ismaning, Deutschland
Umschlaggestaltung: Parzhuber und Partner, München
Zeichnungen: Martin Guhl, Stein am Rhein, Schweiz
Layout: Sarah-Vanessa Schäfer, Hueber Verlag, Ismaning
Satz: Satz+Layout Fruth GmbH, München
Druck und Bindung: Ludwig Auer GmbH, Donauwörth
Printed in Germany
ISBN 978–3–19–107893–5

Vorwort

Wer kennt nicht die kleine Genugtuung, im richtigen Moment die treffende Redewendung platziert zu haben? Jede Sprache verfügt über ein buntes Repertoire an idiomatischen Wendungen, die auf manchmal derbe, oft köstliche, aber fast immer amüsante Art die Mannigfaltigkeit eines Landes und seiner Kultur zum Ausdruck bringen. Die Kenntnis und die Beherrschung solcher Formulierungen sind ein Zeichen kultureller Identität und ein Ausdruck der Freude an der lebendigen Sprache.
Was geschieht nun aber, wenn Sie in Frankreich sind und dort in bestem Schulfranzösisch eine Redewendung loswerden wollen? Es kann Ihnen passieren, dass Ihr französischer Gesprächspartner „nur Bahnhof versteht" und Sie dann „aufgeschmissen" sind. Woran liegt das?

Sie werden in diesem Buch schnell feststellen, dass die meisten Wendungen nicht wortwörtlich übersetzt werden können. Viele von ihnen haben ein idiomatisches Äquivalent im Französischen, das sich aber meist ganz anderer Bilder bedient. Hätten Sie zum Beispiel gewusst, dass „wie ein Ochs vorm Scheunentor" der französischen Wendung «*comme une poule qui a trouvé un couteau*» (wie ein Huhn, das ein Messer gefunden hat) entspricht? Dieses und vieles mehr werden Sie beim Durchblättern und Hören entdecken und Sie werden mit Hilfe dieser Sammlung bei den Franzosen immer wieder „Eindruck schinden" können.
Ich wünsche Ihnen viel Spaß dabei.

Als Ordnungsprinzip wurde das erste Substantiv der Wendung bzw. ein Hauptstichwort gewählt. Der Pfeil verweist auf einen synonymen Eintrag, unter dem dann die französische Übersetzung sowie der Beispielsatz aufgeführt sind. Während Sprichwörter (prov) auch im Deutschen gekennzeichnet sind, werden stilistische Einschränkungen nur für das Französische angegeben. Auf der MP3-CD können Sie alle Redewendungen mit Übersetzungen und Beispielsätzen anhören.

Folgende Abkürzungen wurden verwendet:
fam = *familier* (umgangssprachlich), arg = *argot*, vulg = *vulgaire* (vulgär), prov = *proverbe* (Sprichwort), jmd = jemand, qqn. = *quelqu'un* (jemand), qqch. = *quelque chose* (etwas).

Ich möchte mich ganz herzlich bei Lysiane Sterckx, Blandine, Baptiste und Clément Fabre sowie bei Klaus Weinzierl und meinen Kindern für ihre Unterstützung bedanken.

Valérie Kunz

Inhaltsverzeichnis

Vorwort 3

Redewendungen 5

Register 89

A • von A bis Z
de A à Z, du début à la fin
▶ Il me parle toujours de son passé, maintenant je connais son histoire du début à la fin.

A • das A und O
le b a, ba
▶ Une bonne culture générale est le b a, ba de la carrière du journaliste.

abgebrannt • abgebrannt sein
être à sec (fam), être sans un sou, être fauché comme les blés (fam)
▶ Je ne peux malheureusement pas t'inviter, je suis fauché comme les blés.

Affe • einen Affen haben
être pompette (fam)
▶ Quand il est rentré de sa réunion, il était pompette.

Angsthase
poltron (fam), froussard (fam), couard (arg), trouillard (fam), poule mouillée (fam)
▶ Albert, c'est un froussard. Dès que le chef passe près de lui, il se met à trembler.

Anhieb • auf Anhieb
du premier coup, d'emblée
▶ C'est incroyable mais vrai: elle a eu son permis du premier coup.

A — Anstands-Wauwau

Anstands-Wauwau • den Anstands-Wauwau spielen
servir de chaperon
▶ Il m'a demandé de servir de chaperon à sa jolie femme ce soir. Moi, j'ai accepté.

Apfel • Der Apfel fällt nicht weit vom Stamm. (prov)
Tel père, tel fils. (prov)

Apfel • für 'n Appel und 'n Ei
pour une bouchée de pain
▶ Il a acheté ce terrain pour une bouchée de pain. À cette époque personne ne pouvait savoir qu'un jour les touristes s' intéresseraient à cette région.

Arbeitstier • ein Arbeitstier sein
être une bête de travail, être un bourreau de travail, travailler comme un bossu (fam)
▶ Mon voisin rentre toujours très tard du travail. Ou c'est un bourreau du travail ou alors il a une maîtresse.

Arsch • sich den Arsch aufreißen
se casser le cul à faire qqch. (vulg)
▶ Je me suis cassé le cul à lui faire sa déclaration d'impôts et maintenant il me dit à peine bonjour.

Arsch • sich in den Arsch beißen
se mordre les doigts de qqch. (fam)
▶ Je me mords encore les doigts de lui avoir rendu ce service !

Arschkriecher • ein Arschkriecher sein
être un lèche-cul (vulg), être un lèche-botte (fam)
▶ C'est le plus grand lèche-cul du bureau.

aufgeschmissen • aufgeschmissen sein
rester le bec dans l'eau, être bien embêté
▶ Cette fois, il était vraiment à court d'arguments et il est resté le bec dans l'eau.

Aufhebens • (nicht) viel Aufhebens von etwas machen
faire tout un plat de qqch. (fam), faire tout un cas de qqch.
▶ Il fait toujours tout un plat du succès de son fils.

Track 2

Auge • Auge um Auge, Zahn um Zahn.
Œil pour œil, dent pour dent.
▶ Pas question d'avoir pitié, ce sera œil pour œil, dent pour dent !

Auge • ins Auge springen
crever les yeux (fam), sauter aux yeux
▶ Ça saute aux yeux qu'elle est folle de lui !

Auge • kein Auge zutun
ne pas fermer l'œil
▶ Depuis que mon voisin a été cambriolé, je ne ferme plus l'œil de la nuit.

A — Augen

Augen • jmd schöne Augen machen
faire les beaux yeux à qqn., faire les yeux doux à qqn.
▶ Elle fait les yeux doux à mon mari et elle croit que je suis aveugle !

Augen • schwarz vor Augen werden
voir trente-six chandelles
▶ J'ai reçu un coup sur la tête et j'ai vraiment vu trente-six chandelles.

Augen • unter vier Augen
entre nous, entre quat-z-yeux
▶ On en a parlé entre quat-z-yeux, c'était une histoire d'hommes.

August • den dummen August spielen
jouer au gugusse, faire le fou
▶ Quand il est gêné, il joue au gugusse pour cacher son embarras.

ausbaden • etwas ausbaden müssen
trinquer pour qqn., payer les pots cassés
▶ C'est encore lui qui va devoir payer les pots cassés pour son fils.

ausgekocht • ausgekocht sein
être rusé, être malin
▶ Il est rusé comme un renard, il faut s'en méfier.

bärenstark

baden • als Kind zu heiß gebadet worden sein
avoir été bercé un peu près du mur, ne pas tourner rond
▶ Quel idiot ! Sa mère a dû le bercer trop près du mur quand il était bébé !

baff • baff sein
être baba (fam), être époustouflé, être estomaqué (fam),
en avoir les bras coupés (fam)
▶ Hier au théâtre, j'ai été baba de voir mon ex-mari avec ma voisine !

Bahnhof • nur Bahnhof verstehen
c'est du chinois, ne rien y comprendre
▶ Ton histoire est vraiment tordue, je n'y comprends rien.

Balken • den Balken im eigenen Auge nicht sehen
voir la paille dans l'œil de l'autre mais ne pas voir la poutre dans le sien
▶ Cette personne ne cesse de me parler de la paille dans mon œil mais elle ne voit pas la poutre dans le sien. Je me moque de ses critiques.

Balken • lügen, dass sich die Balken biegen
mentir comme un arracheur de dents
▶ Ce dentiste ment comme un arracheur de dents, il m'avait dit que je ne sentirais rien.

Bärenhunger • einen Bärenhunger haben
avoir une faim de loup
▶ Après avoir abattu tout ce travail, je suis prête à tout avaler. J'ai une faim de loup.

bärenstark • bärenstark sein
être fort comme un bœuf
▶ Pour bouger ce gros meuble, j'attendrai Robert, il est fort comme un bœuf.

B — Bart

Bart • einen Bart haben
faire une drôle de tête
▶ Lorsque je lui ai annoncé qu'il n'avait pas réussi son test, il a fait une drôle de tête. Ça se comprend.

Bäume ausreißen
avoir bouffé du lion
▶ Ce sportif est prêt à tout pour remporter la coupe, il est motivé et super entraîné. On dirait qu'il a bouffé du lion !

Becher • zu tief in den Becher gucken
boire un coup de trop, trop caresser la bouteille
▶ À force de trop caresser la bouteille, il s'est endormi …

Track 4

Bein • sich kein Bein ausreißen
ne pas se fouler (fam)
▶ Son rapport était nul. Il ne s'est pas foulé, quel fainéant !

Beine • die Beine in die Hand nehmen
prendre ses jambes à son cou
▶ Elle était seule dans le parc, il faisait noir, quand elle a entendu un bruit, elle a eu peur et a pris ses jambes à son cou.

Beine • sich die Beine in den Bauch stehen
poireauter (fam), faire le pied de grue (fam)
▶ Nous avions rendez-vous à 15 h, j'ai fait le pied de grue pendant une heure. J'ai horreur de poireauter !

berappen • etwas berappen müssen
devoir casquer (fam), devoir cracher (fam)
▶ Sa voiture était mal garée, il a casqué 100 euros de contraventions.

Bett B

Berg • goldene Berge versprechen
promettre monts et merveilles
▶ Pour avoir sa maîtresse près de lui, il lui a promis monts et merveilles ...

Berg • über alle Berge sein
prendre la poudre d'escampette (fam), gagner le large (fam), prendre la clé des champs
▶ Après avoir cambriolé la banque, le voleur a pris la poudre d'escampette.

Berg • über den Berg sein
avoir fait le plus dur, avoir le cul sorti des ronces (fam), être sorti de l'auberge
▶ Il a réussi la première partie de ses examens, il est presque sorti de l'auberge.

beschlagen • beschlagen sein
être fort, être calé en qqch. (fam)
▶ Lui, il est calé en physique et en chimie, moi en sport et toi ?

Besen • Da fress ich einen Besen.
Je veux bien être pendu si ... / Que le diable m'emporte si ...
▶ Je veux bien être pendu si vous me prouvez que j'ai tort.

Besonderes • sich für etwas Besonderes halten
ne pas se prendre pour de la merde (arg), ne plus s'entendre péter (fam)
▶ Depuis qu'elle a acheté sa nouvelle voiture, on ne peux plus jouer devant son garage, elle ne se prend pas pour de la merde cette fille.

Bett • ans Bett gefesselt sein
être cloué au lit
▶ La grippe l'a cloué au lit pendant six jours !

Track 5

bienenfleißig
rapide comme l'abeille, travailleuse comme la fourmi
▶ Afin que tout soit parfait pour la réception, elle a tout préparé minutieusement. Elle a été rapide comme l'abeille et travailleuse comme la fourmi.

Bierbauch
avoir une grosse bedaine, avoir un gros bide (fam), avoir du ventre
▶ Le pauvre Jules passe ses journées au café à boire de la bière. Il a à peine trente ans et il a déjà du ventre.

Bindfäden • Es regnet Bindfäden.
Il pleut des cordes. (fam) / Il pleut comme vache qui pisse. (fam) / Il pleut à torrents.
▶ Il pleut comme vache qui pisse, sortons les parapluies !

Blatt • kein Blatt vor den Mund nehmen
ne pas mâcher ses mots, ne pas y aller par quatre chemins
▶ Lorsque Marcel a décidé de dire quelque chose, il ne mâche pas ses mots, il dit tout ce qu'il pense !

blau • blau machen
faire l'école buissonnière
▶ Cet enfant n'aime pas l'école. Il fait souvent l'école buissonnière et va au cinéma.

Blitz • wie ein geölter Blitz
à toutes blindes, comme une flèche, avec la rapidité de l'éclair
▶ Lorsqu'il a appris qu'il était papa, il est parti à toutes blindes à la clinique !

Blitz • wie vom Blitz getroffen sein
être frappé par la foudre, être scié, avoir les jambes coupées (fam)
▶ Lorsqu'il m'a annoncé qu'il était déjà marié, j'ai eu les jambes coupées, je n'arrivais pas à le croire.

Blut • böses Blut machen
mettre la zizanie
▶ Cessez donc de vous disputer à cause de lui, son seul objectif est de mettre la zizanie entre vous.

Blut • Nur ruhig Blut!
Du calme ! / Tout doux ! / Pas de panique !
▶ Tout doux, ça ne sert à rien de t'énerver, tu vas réussir, pas de panique !

Bock • einen Bock schießen
faire une grosse gaffe (fam), faire une bévue,
faire une boulette (fam)
▶ Il ne faut surtout rien confier à ce garçon, c'est un spécialiste en boulettes. Il n'arrête pas de faire des gaffes !

Track 6

Bock • Ich hab keinen Bock!
Je n'ai pas trop envie ! / Pas envie ! / Ça ne me dit rien !
▶ Cette sortie entre filles ne me dit rien, je n'ai pas trop envie d'y aller.

Bohnenstange • eine Bohnenstange sein
Frau: être une grande perche (fam) / une grande bringue (fam)
Mann: être un grand escogriffe (fam)
▶ Cette femme est maigre comme un clou et grande comme un réverbère, c'est une grande bringue. Son mari, c'est pareil, lui, c'est un escogriffe.

Bohnenstroh • dumm wie Bohnenstroh sein
être bête comme ses pieds (fam)
▶ Ce garçon est très beau, dommage qu'il soit bête comme ses pieds …

Bombengeschäft
une affaire en or
▶ Il m'avait assuré qu'il s'agissait d'une affaire en or mais c'était une arnaque !

Bonze
un gros bonnet, un gros riche
▶ Notre nouveau voisin est un gros bonnet. Il a une grosse voiture et un gros chauffeur.

Boss • der Boss
le singe, le grand chef
▶ Au bureau, je suis chargé de répondre au téléphone et d'apporter le café au grand chef.

Brot • sein Brot verdienen
courir après le bifteck (fam), gagner sa vie
▶ Ce travail n'est pas très agréable mais il faut bien gagner sa vie pour nourrir sa famille.

Brummschädel
avoir la gueule de bois (arg)
▶ Hier à la fête, il a un peu trop bu, ce matin il avait la gueule de bois.

bunt • Das wird mir zu bunt!
C'est trop ! / J'en ai marre ! / J'en ai ras le bol !
▶ Mon chef me donne trop de boulot, j'en ai marre !

Butter • alles in Butter
tout baigne dans l'huile
▶ En ce moment tout va bien, tout se passe comme prévu, tout baigne dans l'huile.

deutsch

Dach • etwas unter Dach und Fach bringen
boucler qqch., classer une affaire

▶ Avant de commencer à travailler sur un nouveau dossier, il est préférable de boucler les autres en cours.

dalli! • Nun mal dalli dalli!
Allez hop, et que ça saute ! (fam)
▶ Je veux que tu m'obéisses, allez hop, et que ça saute !

Dampf • Dampf dahinter machen
mettre les bouchées doubles (fam), activer une affaire, y mettre un coup (fam)
▶ Il faut terminer ce dossier avant ce soir. Mon chef m'a dit d'y mettre un coup.

Daumen • Däumchen drehen
tourner les pouces, se la couler douce (fam)
▶ Depuis qu'il est remarié, il se la coule douce. Sa femme lui fait tout.

davonmachen • sich davonmachen
foutre le camp (fam), déguerpir (fam), se sauver
▶ Lorsque je l'ai vu arriver en colère, j'ai vite déguerpi.

Decke • vor Freude an die Decke springen
sauter de joie
▶ Lorsqu'il a vu ses résultats, il a sauté de joie.

deutsch • auf gut Deutsch gesagt
en bon français

D Dickkopf

Dickkopf • einen Dickkopf haben
être une tête de cochon (fam), être une tête de lard (arg),
être une tête de pioche (fam)
▶ Il ne faut pas s'attarder avec ce client, c'est une vraie tête de cochon, impossible de négocier avec lui.

Dingsbums
machin chouette, truc
▶ Ce matin, j'ai rencontré heu … machin chouette … j'ai oublié son prénom !

Draufgänger • ein Draufgänger sein
être un casse-cou (fam), aller droit au but, être une tête brûlée (fam)
▶ Dans son dernier film, il joue un jeune pilote émérite, un peu tête brûlée, qui se retrouve parachuté en pleine Amazonie.

Dreck • sich einen Dreck um etwas scheren
se foutre de qqch. (fam), se ficher de qqch. (fam)
▶ Marcel m'avait promis de m'aider, il n'est pas venu. Que mon travail soit fait ou non, il s'en fout complètement !

dreckig • es geht ihm dreckig
être mal en point
▶ Elle est sortie indemne de l'accident mais son mari est mal en point.

Dreikäsehoch
haut comme trois pommes, un bout de choux
▶ Il a 10 ans, il est haut comme trois pommes et parle déjà comme un homme.

Drücker • auf den letzten Drücker
à la dernière minute, à la bourre (fam)
▶ Il ne terminera pas ce travail ce soir, il s'y est pris à la dernière minute et maintenant il est à la bourre.

dumm • sich nicht für dumm verkaufen lassen
ne pas se laisser prendre pour un con / un idiot (fam),
ne pas se faire avoir (fam)
▶ Il lui a dit qu'il ne se laisserait pas prendre pour un con une deuxième fois et il est sorti en claquant la porte.

Durchhänger • einen Durchhänger haben
avoir un coup de barre (fam), avoir un coup de pompe (fam)
▶ Après un bon repas, j'ai souvent un gros coup de barre.

Dusel • Dusel haben
avoir une chance de cocu (fam), avoir une veine de pendu (fam),
avoir du bol
▶ Il a raflé le gros lot, il a vraiment une chance de cocu !

E

Ei

Ei • Das Ei will klüger als die Henne sein.
C'est pas à un vieux singe, qu'on apprend à faire des grimaces.

Ei • wie aus dem Ei gepellt
tiré à quatre épingles
▶ Lorsqu'il part au bureau, sa tenue est impeccable, il est toujours tiré à quatre épingles.

ein • nicht ein noch aus wissen
ne plus savoir à quel saint se vouer, perdre les pédales
▶ Son histoire était si compliquée qu'à un moment j'ai fini par perdre les pédales.

einbrocken • sich etwas eingebrockt haben
se mettre dans de beaux draps
▶ Il s'est mis dans de beaux draps avec cette histoire !

Eindruck • Eindruck schinden
en mettre plein la vue à quelqu'un
▶ Il faut admettre qu'avec cette superbe femme à ses côtés, il en a mis plein la vue à ses collègues.

Etwas   E

Eisen • jmd zum alten Eisen werfen
mettre qqn. au placard (fam)
▶ Ils ont mis le chef de groupe au placard. Ça faisait 20 ans qu'il travaillait pour cette entreprise.

Ente • wie eine bleierne Ente schwimmen
nager comme un fer à repasser (fam)
▶ Je ne vais jamais à la piscine, car je nage comme un fer à repasser.

Ente • eine lahme Ente sein
un canard boîteux
▶ Quand ils le voient arriver, ils disent toujours : « voilà le canard boiteux qui arrive ! ».

entweder • entweder oder
c'est à prendre ou à laisser
▶ Tu n'as pas le choix, c'est à prendre ou à laisser.

Esel • störrisch wie ein Esel sein
être têtu comme une mule (fam), être têtu comme une bourrique (fam)
▶ On ne peut pas discuter avec le chef, il est têtu comme une mule.

Etwas • das gewisse Etwas haben
avoir du chien
▶ La nouvelle assistante du docteur a du chien.

F — Fäden

Track 10

Fäden • alle Fäden in der Hand halten
tenir les rênes, tirer les ficelles
▶ C'est sa femme qui tient les rênes et lui n'est que son exécutant.

Fahne • die Fahne nach dem Wind drehen
tourner à tous les vents, être une girouette
▶ On ne peut pas lui faire confiance, il change sans cesse d'opinion, c'est une vraie girouette !

Fall • Das ist nicht mein Fall.
Ce n'est pas ma tasse de thé.
▶ La Méditerranée ce n'est pas ma tasse de thé, je préfère la côte plus sauvage de l'Atlantique.

Falle • in der Falle sitzen
être fait comme un rat (fam), être pris au piège
▶ Lorsque l'alarme de la banque s'est mise en route, les cambrioleurs ont été faits comme des rats !

faul • Da ist was faul.
Il y a qqch. qui cloche. (fam) / Qqch. n'est pas catholique. (fam) / Il y a anguille sous roche. (fam)
▶ Cette histoire n'est pas catholique, il y a anguille sous roche, sois prudent.

Faulheit • vor Faulheit stinken
être un vrai fainéant (fam), être fainéant comme un poux (fam), être un cossard (fam)
▶ Mon collègue passe ses journées à ne rien faire, il est fainéant comme un poux !

Fäustchen • sich ins Fäustchen lachen
rire dans sa barbe (fam)
▶ Lorsque le professeur m'a disputé, j'ai vu que Véronique riait dans sa barbe. Je me vengerai plus tard.

faustdick • es faustdick hinter den Ohren haben
avoir plus d'un tour dans son sac (fam)
▶ Ce garçon est très rusé, il faut s'attendre à tout venant de lui, il a plus d'un tour dans son sac.

Fell • jmd das Fell über die Ohren ziehen
rouler qqn. (fam), leurrer qqn. (fam)
▶ Vous vous êtes fait avoir en achetant cette voiture d'occasion, le vendeur vous a roulé !

Fell • jmd juckt das Fell
avoir envie de recevoir une raclée (fam), vouloir une dégelée (fam)
▶ Ce garçon insulte tout le monde, il a sûrement envie de recevoir une raclée.

festnageln • jmd auf etwas festnageln
coincer qqn. sur qqch.
▶ Il pensait tout savoir sur le sujet mais j'ai réussi à le coincer sur une question qu'il n'avait pas étudiée.

F — Fetzen

Fetzen • da fliegen gleich die Fetzen
il va y avoir du grabuge (fam), il va y avoir du vilain (fam), il va y avoir de la bagarre
▶ Marcel est vraiment très fâché, il va y avoir du grabuge.

Feuerwehr • fahren wie die Feuerwehr
rouler à toute vitesse, rouler à toute blinde (fam)
▶ Il a traversé le village en roulant à toute blinde, il s'est fait cueillir par les gendarmes pour excès de vitesse.

Finger • jmd um den kleinen Finger wickeln
embobiner qqn. (fam)
▶ Elle a su embobiner ce pauvre garçon, elle en fait ce qu'elle en veut.

Finger • keinen Finger krumm machen
ne pas remuer le petit doigt (fam), ne pas lever le petit doigt (fam)
▶ Il voyait pourtant que je ne m'en sortais pas, il avait la solution mais il n'a pas bougé le petit doigt pour me sortir de là !

Finger • sich die Finger an etwas verbrennen
se brûler les ailes
▶ Il a vu trop grand, ses projets étaient irréalisables, il s'est brûlé les ailes, il a tout perdu.

Fisch • stumm wie ein Fisch
être muet comme une carpe
▶ Ça ne sert à rien de lui poser toutes ces questions, il ne dira rien, il est muet comme une carpe.

fix • fix und fertig sein
être complètement crevé (arg), être claqué (arg), être sur les rotules (fam)
▶ Je suis complètement crevé, j'ai travaillé toute la nuit et je n'ai dormi que deux heures.

Fleiß • Ohne Fleiß kein Preis. (prov)
On ne fait pas d'omelette sans casser les œufs. (prov)

Fliegen • zwei Fliegen mit einer Klappe schlagen
faire d'une pierre deux coups
▶ En signant ce contrat, il a fait d'une pierre deux coups, un boulot et un logement de fonction !

Fressen • ein gefundenes Fressen
c'est du tout cuit, c'est une aubaine
▶ Lorsque Marcel est tombé malade, j'ai profité de l'aubaine pour prendre son poste et prouver mes qualités professionnelles au chef.

Frosch • einen Frosch in der Kehle / im Hals haben
avoir un chat dans la gorge (fam)
▶ Il s'est éclairci la voix en buvant un verre d'eau, il avait un chat dans la gorge, sûrement à cause de l'émotion.

Fuffziger • ein falscher Fuffziger
un faux-cul
▶ J'ai toujours considéré mon collègue comme très sympathique, jusqu'au jour où il a joué les faux culs pour obtenir la place de responsable qui m'était due.

Fuß • auf großem Fuße leben
péter dans la soie (fam), mener grand train de vie
▶ Ces gens là mènent un grand train de vie, ils vivent dans le luxe mais à force de péter dans la soie, elle se troue !

Track 12

Ganze • aufs Ganze gehen
mettre la gomme (fam), mettre le paquet (fam)
▶ Pour réussir son projet, il a travaillé jour et nuit. On peut vraiment dire qu'il a mis la gomme !

Gaspedal • aufs Gaspedal drücken
appuyer sur le champignon (fam)
▶ Albert est souvent en retard. Il a donc tendance à appuyer sur le champignon.

geben • Dem hab ich es aber gegeben!
clouer le bec à qqn. (fam), rabattre le caquet à qqn. (fam)
▶ Il est beaucoup trop prétentieux et trop fier, il faudrait lui rabattre le caquet.

genau • Ganz genau!
C'est ça. / Tout juste, Auguste !

Gipfel

Geheimnis • offenes Geheimnis
secret de polichinelle
▶ Ce que tu nous racontes là, tout le monde le sait, c'est un secret de polichinelle !

Geld • im Geld schwimmen
rouler sur l'or (fam), remuer les écus à la pelle (fam)
▶ Sa famille roule sur l'or, il n'y a qu'à voir les terrains qu'elle possède.

Geschäft • Beim Geschäft hört die Freundschaft auf.
Les bons comptes font les bons amis.
▶ Je n'aime pas devoir de l'argent à Eugène, on sait que les bons comptes font les bons amis.

gestern • nicht von gestern sein
ne pas être de la dernière pluie
▶ Il a voulu me faire croire à son histoire mais je ne suis pas de la dernière pluie, j'ai bien compris qu'il me mentait.

gesund • gesund und munter
avoir bon pied bon œil (fam), être en pleine forme,
péter la forme (fam)
▶ A quatre-vingt-dix ans, il conduit encore sa voiture. Il a encore bon pied bon œil.

Getue • so ein Getue machen
faire des chichis (fam), n'être que de manières (fam)
▶ Sa nouvelle femme n'est que de manières, elle fait des chichis pour tout.

Track 13

Gipfel • Das ist der Gipfel !
C'est le pompon ! (fam)
▶ Non seulement il vient me demander de l'argent pour payer ses factures mais en plus, il vient de réserver un voyage aux Maldives. C'est le pompon !

G | Glas

Glas • ein allerletztes Glas trinken
boire le der des der (fam), boire un petit dernier pour la route
▶ Bois un verre avant de partir, ce sera le der des der.

Glatze • eine Glatze haben
ne plus avoir un poil sur le caillou (fam), sa tête est un billard (fam)
▶ À trente ans, il perdait déjà ses cheveux, aujourd'hui il n'a plus un poil sur le caillou.

glauben • Wer's glaubt, wird selig!
Mon œil ! / Et ta sœur, elle bat du beurre ?
▶ Tu racontes n'importe quoi … Et ta sœur, elle bat du beurre ?

Gott • über Gott und die Welt reden
parler de la pluie et du beau temps
▶ Nous n'avions pas grand chose à nous dire, alors nous avons parlé de la pluie et du beau temps.

Große • bei den Großen mitmischen
jouer dans la cour des grands
▶ Lorsque cet amateur est passé professionnel, il a joué dans la cour des grands, il ne savait pas ce qui l'attendait.

gut • gut drauf sein
avoir la frite (fam), avoir une frite d'enfer
▶ Depuis que sa femme l'a quitté, on le reconnaît à peine. Il a une frite d'enfer, il est de bonne humeur et a toujours le sourire aux lèvres.

Haar • jmd aufs Haar gleichen
ressembler comme deux gouttes d'eau à qqn., ressembler à qqn. trait pour trait
▶ Alexandre ressemble comme deux gouttes d'eau à son oncle.

Track 14

Haar • um ein Haar
il s'en est fallu de peu, il était moins une, de justesse
▶ Il était moins une et je ratais encore une fois mon train.

Haare • sich in die Haare kriegen
être aux prises avec qqn., avoir une prise de bec avec qqn. (fam)
▶ Aujourd'hui j'ai eu une prise de bec avec ma bouchère, elle voulait me vendre un morceau de bœuf qui n'était plus tout frais.

Hahn • Hahn im Korbe sein
être le coq du village, être la coqueluche
▶ C'est lui le plus beau, c'est lui le plus charmant. Il est la coqueluche dans la maison de retraite.

Hals • Hals über Kopf
verlieben: tomber fou amoureux
▶ Dès qu'il l'a aperçue, il est tombé fou amoureux d'elle.

Hals • jmd / etwas auf dem / am Hals haben
avoir qqn. / qqch. sur le dos (fam), se retrouver avec qqn. / qqch. sur les bras (fam)
▶ Quand ma vieille tante Adélaide est rentrée à l'hôpital, je me suis retrouvé avec mon oncle sur le dos.

Hals • zum Hals heraushängen
en avoir plein le dos (fam), en avoir marre (fam), en avoir sa claque (fam), en avoir par dessus la tête
▶ J'en ai plein le dos de te voir toujours allongé sur le canapé à regarder la télé pendant que je m'occupe des enfants.

Hand

Hand • für jmd die Hand ins Feuer legen
mettre sa main au feu pour qqn.
▶ Je suis prête à mettre ma main au feu pour cet homme. Je sais qu'il est innocent.

Hand • jmd zur Hand gehen
donner un coup de main à qqn., mettre la main à la pâte (fam)
▶ Après l'école, il aimait donner un coup de main à son père dans le jardin.

Hand • weder Hand noch Fuß haben
n'avoir ni queue ni tête, qqch. ne tient pas debout (fam)
▶ Ce que tu me racontes n'a ni queue, ni tête. Alors arrête !

Handtuch • das Handtuch werfen
jeter l'éponge (fam)
▶ Je suis à la limite de tout laisser tomber et de jeter l'éponge.

Handumdrehen • im Handumdrehen
en un quart de tour, en un tour de main, en cinq sec
▶ Les jeunes ouvriers m'ont beaucoup surprise. Ils ont fait leur travail en cinq sec.

hart • hart gesotten sein
être un dur à cuire (fam)
▶ Notre lieutenant était un grand gaillard et un vrai dur à cuire. C'est un homme, comme on n'en rencontre plus souvent de nos jours.

Hase • ein alter Hase sein
être un vieux renard, être un averti, être un homme d'expérience
▶ C'est un vieux renard qui connaît bien son métier. Ce n'est pas à lui qu'ils vont en conter.

Hasenfuß • ein Hasenfuß sein
être un froussard, être une poule mouillée, être un dégonflé
▶ J'ai toujours été une poule mouillée, un dégonflé. Mon psy, à qui je me suis confié, me l'a confirmé.

Häuschen • ganz aus dem Häuschen sein
être fou de joie
▶ Il est fou de joie depuis que sa femme lui a annoncé qu'elle attendait un enfant.

Haut • nur Haut und Knochen sein
n'avoir plus que la peau et les os (fam)
▶ Quand je l'ai vu, il n'avait plus que la peau et les os. Il faisait vraiment pitié à voir.

heimzahlen

heimzahlen • jmd etwas heimzahlen
rendre la monnaie à qqn., attendre qqn. au tournant (fam), renvoyer l'ascenseur à qqn. (fam)
▶ Dès que l'occasion s'est présentée, il lui a renvoyé l'ascenseur.

Heißsporn • ein Heißsporn sein
être une tête brûlée, être un cerveau brûlé
▶ Quel désespoir pour cette famille, leur fils est une vraie tête brûlée.

Herren • zwei Herren dienen
courir deux lièvres à la fois
▶ Il faut que tu fasses attention à ne pas courir deux lièvres à la fois. Pour cela, fixe-toi des buts précis et va jusqu'au bout de ce que tu entreprends.

Herz • ein Herz aus Gold haben
avoir un cœur en or, avoir un cœur gros comme ça
▶ Ce vieil homme a un cœur en or. Son plus grand bonheur, c'est le plaisir des autres.

Herz • sich ein Herz fassen
prendre son courage à deux mains, se jeter à l'eau
▶ Il a pris son courage à deux mains et a pris la parole devant le public.

hier • hier und sofort
séance tenante, sur le champ
▶ Je veux des explications, séance tenante !

Hintern • Ich könnte mich in den Hintern beißen!
Je pourrais encore m'en mordre les pouces !

Hirn • sich das Hirn zermartern
se casser la tête, se prendre la tête, se creuser la cervelle
▶ Il s'est bien creusé la cervelle pour réussir ce devoir de mathématiques.

Hitze • in der Hitze des Gefechts
dans le feu de l'action

▶ Il était tellement excité qu'il dansait comme un fou. Dans le feu de l'action, il ne s'est pas aperçu qu'il perdait son pantalon.

hochnäsig sein
vouloir péter plus haut que son cul (arg), prendre des airs hautains
▶ Cette fille aime prendre des airs hautains, elle ressemble beaucoup à sa mère qui a toujours voulu péter plus haut que son cul.

Hochzeiten • auf zwei Hochzeiten tanzen
être au four et au moulin
▶ Quand j'aurai fini mon travail, je m'occuperai de toi. Je ne peux pas être au four et au moulin. Alors patiente un peu !

Höhe • auf der Höhe der Zeit sein
être à la page
▶ Mon grand-père est à la page. Il voyage beaucoup et ne communique avec nous que par sms et emails.

Höhe • Das ist die Höhe!
C'est le comble ! / C'est le bouquet ! / On aura tout vu !
▶ Un jeune qui boit de l'alcool à l'école, on aura tout vu !

Honig • Das ist kein Honigschlecken.
C'est pas du gâteau. (fam) / La vie n'est pas toujours rose.
▶ La vie c'est pas toujours du gâteau, surtout quand on la partage avec un homme aussi égoïste que lui.

H — Hopfen

Hopfen • Da ist Hopfen und Malz verloren!
C'est peine perdue !

Hosen • die Hosen anhaben
porter la culotte
▶ Dans ce ménage c'est la femme qui porte la culotte. Elle gère tout et quand elle est de bonne humeur, elle donne un peu d'argent de poche à son mari.

hü • Der eine sagt hü, der andere sagt hott.
L'un tire à hue et l'autre à dia.
▶ Ils ne sont jamais d'accord. Quand l'un tire à hue, l'autre tire à dia.

Hund • auf den Hund gekommen sein
tomber dans la misère, être dans la dèche, être ruiné
▶ Depuis que je suis au chômage, je suis dans la dèche.

Hund • bekannt sein wie ein bunter Hund
être connu comme le loup blanc
▶ Tout le monde le connaît et parle de lui. Il est connu comme le loup blanc dans son village et aux alentours.

Hut • Das kannst du dir an den Hut stecken!
Tu peux te le mettre où je pense ! / Tu peux te le mettre au cul (arg) !
▶ Tu m'as menti, alors ton cadeau, tu peux te le mettre où je pense !

in • in sein
être branché
▶ Le nouveau cybercafé est un café très branché. Il est toujours plein, les serveurs sont super sympas et l'ambiance est très détendue.

in • es in sich haben
Problem / Aufgabe: c'est pas du gâteau, c'est pas donné
▶ Les épreuves du bac cette année, c'est pas du gâteau !
Vertrag: il y a un hic
Getränk: être d'enfer
▶ Ses cocktails maison sont d'enfer !

Irren • Irren ist menschlich. (prov)
L'erreur est humaine. (prov)

J — ja

ja • ein Ja-Sager sein
être un béni-oui-oui
▶ Mon nouveau collègue n'est pas mieux que l'ancien. C'est un vrai béni-oui-oui.

Jammerlappen • ein Jammerlappen sein
être une chiffe (fam), être un molasson, être une nouille, être un mou
▶ Il est beau, il est grand mais c'est un vrai molasson. Dès que les choses ne vont pas comme il le souhaite, il se plaint.

jeder • jeder gegen jeden
la loi de la jungle

Jubeljahr • alle Jubeljahre (einmal)
tous les 36 du mois
▶ Moi, mes fenêtres je les nettoie tous les 36 du mois.

jwd
au bout du monde
▶ Il habite loin d'ici, dans un petit village quelque part au bout du monde.

Kappe

Kacke • Die Kacke ist am Dampfen.
Ça va chier dur. (arg) / Ça va barder. (fam) / Ça va chauffer. (fam)

Track 18
▶ Quand il a vu Fred arriver avec sa bande, il a su que ça allait chier dur.

Kaff
bled paumé (fam), petit bled (fam)
▶ Il est difficile pour les adolescents de vivre dans ces petits bleds. Il n'y a ni disco ni café. Les soirs d'été, on les voit souvent traîner sur la place du village.

Kaffee • Das ist doch kalter Kaffee!
C'est du réchauffé !
▶ Laisse-moi tranquille avec cette histoire, c'est du réchauffé. Ça n'intéresse personne.

Kaiser • Der / Er kommt sich vor wie der Kaiser von China.
Il se croit sorti de la cuisse de Jupiter.
▶ Il se croit sorti de la cuisse de Jupiter depuis qu'il a épousé la plus belle fille du village.

Kamm • nicht alles über einen Kamm scheren
ne pas tout mettre dans le même sac
▶ Ce ne serait pas correct de tout mettre dans le même sac. Il est important d'analyser chaque demande.

Kappe • neben der Kappe sein
être à côté de la plaque (fam), être à côté de ses chaussures (fam), être à côté de ses pompes (fam)
▶ Aujourd'hui je suis à côté de mes pompes, je ne sais même pas quel jour on est.

Karte

Karte • alles auf eine Karte setzen
mettre tous ses œufs dans un même panier, risquer le paquet (fam), risquer le tout
▶ Lors de sa dernière sortie au casino, il n'a pas voulu perdre la face devant ses amis. Il a risqué le paquet et a tout perdu.

Karten • sich nicht in die Karten schauen lassen
ne pas se laisser regarder dans son jeu
▶ Tout ce que nous savons, c'est qu'il négocie avec différents partenaires. Il ne se laisse pas regarder dans son jeu et nous n'en saurons plus que lorsqu'il aura atteint son objectif.

Kartoffel • jmd wie eine heiße Kartoffel fallen lassen
laisser tomber qqn. comme une vieille chaussette (fam)
▶ Quand elle a su que je n'étais qu'un simple ouvrier, elle m'a laissé tomber comme une vieille chaussette.

Kater • einen Kater haben
avoir une casquette plombée (fam)
▶ Je ne sais plus ce que j'ai fêté ni ce que j'ai bu hier mais ce matin j'avais une casquette bien plombée.

Katze • Die Katze lässt das Mausen nicht. (prov)
Qui a bu, boira. (prov)

Katze • für die Katz
inutile, pour rien, pour des prunes
▶ J'ai fait tout ce travail pour des prunes !

Katze • wie die Katze um den heißen Brei herumschleichen
tourner autour du pot
▶ Cesse de tourner autour du pot et dis-moi ce que tu veux de moi !

Kauz • ein komischer Kauz sein
être un drôle de coco
▶ Notre nouveau professeur de latin est un drôle de coco. Il porte toujours des chaussures rouges et un petit bonnet jaune.

Kind • mit Kind und Kegel
avec toute la smalah, avec armes et bagages
▶ Je suis toujours heureuse de revoir mon frère Pierre. Mais quand il vient avec toute la smalah, ça me rend malade. Il y a une femme, quatre enfants et deux chiens.

Klatsch • Klatsch und Tratsch
ragots et potins, des racontars, des commérages
▶ J'ai horreur de ces rencontres de femmes où l'on ne parle que ragots et potins.

kleinlaut • kleinlaut werden
être dans ses petits souliers
▶ Benoît ne savait pas qu'il draguait la femme de son patron lors du cocktail de fin d'année. Mais croyez-moi qu'il était dans ses petits souliers lorsqu'elle lui a dit qui elle était.

Klugscheißer • ein Klugscheißer sein
se croire plus savant qu'un autre, être un Monsieur je-sais-tout
▶ Arrête de me chauffer les oreilles, je ne suis pas d'humeur à discuter et surtout pas avec un Monsieur je-sais-tout.

Knacker • ein alter Knacker
un vieux schnock
▶ Quand je serai un vieux schnock, je prendrai la liberté que l'on accorde à l'âge.

K — Kohldampf

Kohldampf • Kohldampf haben / schieben
avoir une faim de loup
▶ Quand les enfants rentrent de la plage, ils ont toujours une faim de loup.

Kopf • den Kopf in den Sand stecken
faire l'autruche, pratiquer la politique de l'autruche
▶ Ça ne sert à rien de faire l'autruche, tôt ou tard il faudra voir les choses comme elles sont.

Kopf • Jmd ist etwas zu Kopf gestiegen.
choper la grosse tête (fam), attraper la grosse tête
▶ Depuis qu'il a été promu directeur commercial, il a chopé la grosse tête.

Kopf • seinen Kopf durchsetzen (wollen)
foncer tête baissée
▶ Il fonce toujours tête baissée, pourtant il s'est souvent fait mal.

Kopf • sich den Kopf zerbrechen
se creuser la cervelle (fam)
▶ Ça ne sert à rien de te creuser la cervelle. Tu ne résoudras jamais ce problème.

Köpfchen • Köpfchen haben
avoir de la jugeotte
▶ Cette gamine m'étonne souvent par ses questions et ses réflexions. Elle a beaucoup de jugeotte pour son âge.

Kosten • auf seine Kosten kommen
en avoir pour son argent
▶ Le spectacle était vraiment extraordinaire, nous en avons eu pour notre argent.

kotzen • kotzen wie ein Reiher
vomir tripes et boyaux (fam)
▶ Il a eu le mal de mer et a vomi tripes et boyaux.

kriechen • vor jmd kriechen
s'aplatir comme une carpette
▶ Albert s'est aplati comme une carpette devant le fils du Directeur Général. Ça fait vraiment lèche-botte !

Kuh • wie die Kuh vorm neuen Tor stehen
comme une poule qui a trouvé un couteau
▶ Notre prof de maths a perdu ses lunettes. Il ne voit quasiment rien et nous regarde comme une poule qui a trouvé un couteau.

Kunst • mit seiner Kunst am Ende sein
perdre son latin
▶ J'ai fait tout ce que j'ai pu. J'y perds mon latin, j'abandonne.

kurz • ganz kurz
en deux mots, rapidement
▶ Laisse-moi te raconter en deux mots ce qui s'est passé.

kürzer • den Kürzeren ziehen
ne pas avoir le dessus, ne pas s'en tirer à son avantage
▶ Contre un pareil candidat, je n'aurais jamais le dessus.

L — lachen

lachen • sich krumm und bucklig lachen
rire comme un bossu, c'est à se taper le cul par terre (fam), se pâmer
▶ Il est le seul à avoir ri comme un bossu toute la soirée !

Lachkrampf • einen Lachkrampf haben
avoir le fou rire
▶ Gamine, quand je voyais mon oncle arriver, je ne voyais que son grand nez. J'avais chaque fois le fou rire qui me prenait et qui ne me lâchait plus.

Lampenfieber • Lampenfieber haben
avoir le trac
▶ Il est rare d'entendre un acteur dire qu'il n'a jamais le trac avant de monter sur scène.

Landei
un campagnard, un villageois
▶ Les gens de la ville ont parfois une image obsolète des campagnards.

lang • es nicht mehr lange machen
ne plus faire long feu
▶ Je crois que Véronique ne va pas faire long feu dans notre entreprise. Notre directeur a horreur des petits prétentieuses comme elle.

Laufpass • jmd den Laufpass geben
envoyer qqn. balader (fam)
▶ Quand il a appris qu'elle avait passé la nuit chez un autre, il l'a envoyée balader.

Leben • jmd das Leben schwer / sauer machen
mener la vie dure à qqn., en faire voir de toutes les couleurs à qqn. (fam), en faire voir des vertes et des pas mûres à qqn. (fam)
▶ Cet enfant est trop gâté, il m'en fait voir de toutes les couleurs.

Leitung   L

Leben • wie das blühende Leben aussehen
être frais comme une rose
▶ Je me demande comment elle fait. Elle boit, elle fume, elle sort presque tous les soirs, et le matin, elle est toujours fraîche comme une rose.

Leberwurst • die beleidigte Leberwurst spielen
bouder, faire la tête, rechigner
▶ Quand on ne cède pas à ses caprices, il est capable de faire la tête et de bouder pendant des heures.

leicht • Das ist leichter gesagt als getan.
Les conseillers ne sont pas les payeurs.

Leier • Es ist immer dieselbe alte Leier!
C'est toujours le même refrain ! / C'est toujours la même rengaine !

Leim • aus dem Leim gehen
déglinguer
▶ Mon vélo est complètement déglingué, il n'a plus qu'une seule pédale et les freins ne fonctionnent plus. Il va falloir que j'en achète un nouveau.

Track 22

Leim • jmd auf den Leim gehen
tomber dans le panneau (fam), tomber dans le piège, se faire avoir
▶ Je savais qu'il n'était pas très honnête et je suis quand même tombée dans le piège.

Leitung • auf der Leitung stehen
être dur à la détente
▶ Il y a des moments où il est vraiment dur à la détente et ne comprend rien.

Leseratte

Leseratte • eine Leseratte sein
être un rat de bibliothèque
▶ Tout petit déjà on ne le voyait jamais sans un livre dans les mains, aujourd'hui c'est un vrai rat de bibliothèque.

Licht • sich ins rechte Licht setzen
se montrer sous son meilleur jour
▶ Lorsque Pierre était venu demander la main de notre fille, il nous avait beaucoup impressionné. Aujourd'hui nous savons qu'il s'était montré sous son meilleur jour.

Liebe • Liebe auf den ersten Blick
le coup de foudre
▶ Quand leurs regards se sont croisés, il y a 30 ans, ça a été le coup de foudre. Plus rien ne les a séparés depuis.

Liebling
la coqueluche
▶ Le nouveau boulanger est la coqueluche du village. Les femmes en sont folles.

links • etwas mit links machen
faire qqch. les deux doigts dans le nez (fam), réussir qqch. très facilement
▶ Paul n'a pas beaucoup travaillé et pourtant il a réussi ses examens les deux doigts dans le nez.

Loch • saufen wie ein Loch
boire comme un trou (fam)
▶ Depuis qu'il a perdu son travail, il boit comme un trou. C'est désolant !

Luft • seinen Gefühlen Luft machen
se soulager, vider son sac (fam)
▶ Il a crié un bon coup et il a vidé son sac. Après nous sommes allés manger.

Luft • von Luft und Liebe leben
vivre d'amour et d'eau fraîche
▶ Depuis qu'elle est amoureuse, elle ne mange presque plus. On dirait qu'elle vit d'amour et d'eau fraîche.

M — Mädchen

Track 23

Mädchen • Mädchen für alles sein
une bonne à tout faire, une bonniche (fam)
▶ Il me prenait pour sa bonne à tout faire, alors moi je l'ai quitté.

Made • wie die Made im Speck leben
vivre comme un coq en pâte
▶ Il vit comme un coq en pâte depuis qu'il est revenu s'installer chez ses parents.

Magen • der Magen knurrt
avoir un creux
▶ Vers onze heures du soir, j'ai toujours un creux. Quand je ne suis pas trop fatiguée, je me lève et je me fais un petit repas vite fait.

Mann • etwas an den Mann bringen
trouver acheteur pour placer sa marchandise
▶ Il finit toujours par trouver acheteur pour placer sa marchandise.

Maul • jmd das Maul / den Mund stopfen
rabattre le claquet à qqn., clouer le bec à qqn.
▶ Il a enfin osé rabattre le claquet à son voisin.

maulfaul • maulfaul sein
ne pas ouvrir le bec (fam), être taciturne
▶ Avec l'âge, il est devenu de plus en plus taciturne.

Menschenseele • keine Menschenseele
pas âme qui vive, pas un chien
▶ La semaine dernière, les commerçants ont fait la grève, il n'y avait pas un chien en ville.

mies • ein mieser Typ
un affreux jojo
▶ Paul, le mari de Thérèse, est vraiment un affreux jojo. Elle ne l'a pas mérité.

Moment • Moment mal!
Minute papillon !

Mücke • aus einer Mücke einen Elefanten machen
en faire tout un plat, faire une montagne de tout
▶ Chaque fois que j'oublie de me brosser les dents, ma mère en fait tout un plat.

Mücke • die Mücke machen
prendre la poudre d'escampette
▶ Quand son masque est tombé, il a vite pris la poudre d'escampette.

Muffensausen • Muffensausen haben
avoir les boules, avoir les pétoches, avoir les chocottes
▶ J'ai les boules quand je pense à mon examen de français.

Mund • den Mund verziehen
faire la bouche de poule (fam)
▶ Madame a fait la bouche de poule en apprenant qu'ils étaient invités au restaurant du coin.

Mund • Mund und Nase aufsperren
rester bouche-bée, être sidéré
▶ Quand ils ont vu ma nouvelle voiture, ils sont restés bouche-bée.

Nacht

Nacht • hässlich wie die Nacht sein
être d'une laideur à faire peur (fam), être laid comme un poux (fam)
▶ Cette femme est d'une laideur à faire peur.

Nacht • sich die Nacht um die Ohren schlagen
passer la nuit debout, faire de la nuit le jour,
passer une nuit blanche
▶ Il a passé toute la nuit debout à attendre que le téléphone sonne.

Nachtigall • Nachtigall ick hör dir trapsen!
Je le vois venir avec ses gros sabots !
▶ Alors toi, reste où tu es. Je sais ce que tu veux, je te vois venir avec tes gros sabots !

Narren • einen Narren an jmd gefressen haben
avoir qqn. dans la peau (fam), s'enticher de qqn.
▶ Je ne peux pas l'expliquer, il n'y a rien à faire, j'aime cette homme, je l'ai dans la peau et je crois que je vais le garder longtemps.

Nase • die Nase rümpfen
faire la fine bouche, faire la gueule (arg)
▶ Rien ne lui va à Madame ! Elle fait toujours la fine bouche.

Nase • jmd auf der Nase herumtanzen
marcher sur les pieds de qqn.
▶ Petit Luc a vite compris qu'il pouvait faire ce qu'il voulait avec sa nourrice. Il lui marche sur les pieds et n'en fait qu'à sa tête. Elle lui cède à tout.

Nase • seine Nase in alles stecken
fourrer son nez partout, se mêler de tout
▶ Occupe-toi de tes affaires, tu n'as pas à fourrer ton nez partout !

Nase • sich eine goldene Nase verdienen
se faire des couilles en or (arg)
▶ Avec son commerce de jouets électroniques, il s'est fait des couilles en or en peu de temps.

Nervenbündel
un paquet de nerfs
▶ Il est toujours en action, on ne le voit jamais assis tranquille. C'est un vrai paquet de nerfs.

Nervensäge • eine Nervensäge sein
être une plaie (fam), ne pas être un cadeau
▶ Ma belle-sœur est un cauchemar. C'est une vraie plaie. Je ne comprends toujours pas comment mon frère a pu s'enticher d'une fille pareille.

Track 25

nichts • nach nichts aussehen
n'avoir l'air de rien
▶ Elle n'a peut-être l'air de rien mais croyez-moi, cette femme est impitoyable. Elle a sauvé deux entreprises de la faillite au cours des trois dernières années.

Nichtsnutz
un bon à rien, un vaurien
▶ C'est un bon à rien. Il arrive toujours en retard au travail et ne fait jamais ce qu'on lui demande.

Nickerchen • ein Nickerchen machen
piquer un petit roupillon (fam), faire un petit somme
▶ Moi, ma recette beauté c'est faire un petit somme après le repas.

niemand • so gut wie niemand
trois pelés et un tondu (fam)
▶ À la réunion des parents, il y avait juste trois pelés et un tondu. Les enseignants n'avaient pas l'air trop déçu, je crois qu'ils en ont l'habitude.

Niete • eine Niete sein
être un gros nul, être un zéro
▶ Ce type est vraiment un gros nul. Il est malhonnête, fainéant, il n'a ni caractère ni respect et en plus, il est laid comme un pou !

Nimmerleinstag • am Sankt Nimmerleinstag
semaine des quatre jeudis, à la Saint-Glinglin
▶ Tu peux toujours attendre la Saint-Glinglin. Moi, je ne t'achèterai pas ce jeu inutile et violent.

Nu • im Nu
en deux temps, trois mouvements / en moins de deux / en moins de rien / en un clin d'œil
▶ J'admire cet homme, il vous construit une maison en deux temps, trois mouvements.

Ochse

O-Beine • O-Beine haben
être né sur une barrique
▶ Cette gamine est belle comme un cœur mais ses jambes … On dirait qu'elle est née sur une barrique.

oben • Mir steht es bis oben!
J'en ai ras le bol ! / J'en ai marre ! / J'en ai assez !
▶ J'en ai ras le bol de tes caprices. Je ne veux plus rien entendre.

oben • sich nach oben schlafen
promotion canapé
▶ Elle est bête comme ses pieds, elle n'a pu faire carrière que par la promotion canapé. C'est pas possible autrement !

Ochse • wie der Ochs' vorm Scheunentor stehen
comme une poule qui a trouvé un couteau
▶ Elle est restée devant moi l'air tout bête, on aurait dit une poule qui avait trouvé un couteau !

offen • ein offenes Geheimnis
un secret de polichinelle
▶ Le maire de la ville a une liaison avec la boulangère. Tout le monde le sait. C'est un secret de polichinelle.

Ohr • auf diesem Ohr taub sein
être sourd de cette oreille, ne pas l'entendre de cette oreille
▶ Pas de sortie aujourd'hui. Après ta dernière note de mathématiques, je suis sourde de cette oreille.

Ohr • noch grün hinter den Ohren sein
avoir encore du lait au bout du nez, être un blanc-bec
▶ Notre nouveau directeur de service est un blanc-bec, un jeune homme sans expérience mais très sûr de lui.

Ohren • auf offene Ohren stoßen
ne pas tomber dans l'oreille d'un sourd
▶ Ton offre n'est pas tombée dans l'oreille d'un sourd !

Ohren • die Ohren spitzen
dresser l'oreille, prêter l'oreille
▶ Lorsqu'elle s'est aperçue que l'on parlait d'elle, elle a vite prêté l'oreille.

Ohren • jmd mit etwas in den Ohren liegen
tenir la jambe à qqn. (fam)
▶ Ça fait au moins deux mois que Robert me tient la jambe pour que je l'accompagne en vacances. Je crois que je vais finir par céder.

Ohren • viel um die Ohren haben
avoir du boulot sur la planche, être débordé par le travail
▶ Je ne pourrai pas vous accompagner au cinéma, je suis débordé par le travail.

Pech

Päckchen • sein Päckchen zu tragen haben
chacun porte sa croix, chacun porte son fardeau
▶ Cesse de te plaindre pour un rien, on a tous notre croix à porter !

Pardon • kein Pardon (kennen)
ne pas faire de quartier, ne pas faire de grâce, pas de pardon
▶ Lors de la dernière réunion, le chef n'a pas fait de quartier, il n'a épargné personne.

passen • Das könnte dir so passen!
Et ta sœur !

Pauke • auf die Pauke hauen
feiern: faire la bamboula, faire la bombe, faire la bringue, faire la fête
▶ Elle fait la bringue tous les week-ends. Le lundi matin elle a toujours l'air d'un cadavre ambulant.
angeben: crâner, se donner des grands airs, faire le fanfaron
▶ Il n'a acheté cette voiture que pour crâner !

Pech!
Manque de bol ! (arg) / Pas de chance ! / Quelle déveine !
▶ Quand il s'est enfin décidé aller au cinéma, manque de bol, il n'y avait plus de places !

Pech • wie Pech und Schwefel zusammenhalten
s'entendre comme larrons en foire
▶ Ces deux frères font les 400 coups ensemble. Ils s'entendent comme larrons en foire.

Pechvogel

Pechvogel • ein Pechvogel sein
être un malchanceux, être un oiseau de malheur
▶ Quand il commence quelque chose, ça tourne toujours très vite au désastre. C'est un vrai oiseau de malheur.

Perle • Da wird dir keine Perle aus der Krone fallen!
Ça ne te cassera pas une jambe ! / Ça ne te tuera pas !
▶ Aide ta sœur à faire la vaisselle, ça ne te tuera pas !

Perle • Perlen vor die Säue werfen
jeter des perles aux pourceaux
▶ Offrir ce tableau à cet idiot, c'est comme jeter des perles aux pourceaux. Il ne saura jamais l'apprécier à sa juste valeur.

Pfau • eitel wie ein Pfau sein
être fier comme Artaban, être fier comme un paon
▶ C'est lui qui nous a accueilli, droit dans son nouvel uniforme et fier comme Artaban.

Posten

Pfeffer • gepfefferte Preise
hors de prix
▶ Je ne vais jamais dans ce magasin, tout y est hors de prix.

Track 28

Pfeffer • hingehen / bleiben, wo der Pfeffer wächst
envoyer balader qqn. (fam), envoyer qqn. au diable, envoyer chier qqn. (vulg)
▶ Quand il m'a dit qu'il préférait aller jouer au foot avec ses amis plutôt que de venir avec moi au cinéma, je l'ai envoyé balader.

Pferd • das beste Pferd im Stall sein
être le meilleur ...
▶ Il l'a mis à la porte alors qu'il était son meilleur ouvrier.

Pferd • wie ein Pferd schuften
travailler comme un forçat, travailler comme un cheval
▶ Il travaille toujours comme un forçat. Il est infatigable.

Piep • keinen Piep sagen
ne pas dire un mot, ne pas ouvrir le bec, ne pas piper mot
▶ Quand sa mère l'a surpris en train de fumer, il n'a pas dit un mot. Il est tout de suite allé dans sa chambre.

platt • platt sein (= verblüfft sein)
être baba, être ébahi, être époustouflé
▶ J'ai été baba en apprenant qu'il allait épouser une vedette de cinéma.

Posten • (nicht) auf dem Posten sein
(ne pas) être d'attaque, (ne pas) être dans son assiette, (ne pas) se sentir bien
▶ Je ne sais pas ce qu'il a, il ne se sent pas bien. Il est souvent fatigué et n'a plus très envie de sortir.

Posten • auf verlorenem Posten stehen
défendre une position perdue, lutter en vain
▶ Il savait qu'il défendait une position perdue mais son amour du prochain lui interdisait d'abandonner.

Preis • um jeden Preis
à tout prix, coûte que coûte
▶ Je veux à tout prix assister à un de ses spectacles.

pudelnackt
nu comme un ver
▶ Quand il m'a ouvert la porte, il était nu comme un ver.

pudelnass
trempé comme un canard, trempé jusqu'aux os,
trempé comme une soupe
▶ Il m'a dit qu'il venait juste de se déshabiller, car il était rentré trempé comme un canard.

Quadratlatschen
des grandes pattes, des gros panards (arg)
▶ Il m'a encore marché sur les pieds avec ses gros panards.

Quasselstrippe
bavard
▶ Ma voisine est très gentille, mais je l'évite car elle est très bavarde.

Querkopf
tête de cochon, tête de lard, tête de mule
▶ Cet homme est difficile à satisfaire, c'est une vraie tête de cochon !

quietschvergnügt
être gai comme un pinson
▶ Depuis que son mari l'a quittée, on la voit toujours gaie comme un pinson.

R — Radieschen

Radieschen • die Radieschen von unten angucken
bouffer les pissenlits par la racine (arg)
▶ Voilà deux ans qu'il est sous terre et bouffe les pissenlits par la racine.

Rahm • den Rahm abschöpfen
faire son beurre (fam), se graisser les pattes (fam)
▶ Quand il tenait encore son commerce, il s'est bien fait son beurre en trompant sa clientèle.

Ramsch • Das ist Ramsch.
C'est du toc.
▶ Ces bijoux n'ont aucune valeur, c'est du toc.

Ränke • Ränke schmieden
tisser sa toile
▶ Il a patiemment tissé sa toile pour obtenir ce poste de ministre.

rasten • Wer rastet, der rostet. (prov)
Le travail c'est la santé.
▶ Il a travaillé toute sa vie et a vécu presque 100 ans. Il faut croire que le travail c'est la santé.

Ratz • schlafen wie ein Ratz
dormir comme une marmotte, dormir comme un loir, dormir comme une souche
▶ Il s'est couché tôt, il s'est levé tard, il a dormi comme un loir.

Raufbold
bagarrreur, brute, ferrailleur (fam)
▶ Cet homme s'est battu contre six personnes. Il n'a peur de rien. C'est un vrai bagarreur.

Regen R

Rechnung • eine alte Rechnung begleichen
régler un compte avec qqn. (fam)
▶ J'ai encore un compte à régler avec cet homme. C'est un menteur et un voleur.

Rechnung • die Rechnung ohne den Wirt machen
se tromper dans son calcul
▶ J'avais compté la trouver seule en allant chez elle. Mais c'est son père qui m'a ouvert la porte. Il était rentré plus tôt que prévu. Je m'étais trompé dans mes calculs.

recht • Alles was recht ist!
Ça va trop loin !
▶ Non, je suis prête à faire beaucoup de choses pour y arriver mais là, ça va vraiment trop loin !

Rede • langer Rede kurzer Sinn
bref, en résumé, en deux mots
▶ Permettez-moi de vous dire que nous sommes tous très satisfaits de votre travail et d'exprimer notre plus grande considération pour les qualités personnelles qui sont les vôtres – bref : j'ai le plaisir de vous promouvoir directeur commercial de notre filiale à Los Angeles.

Redner • kein großer Redner sein
ne pas être un grand parleur, ne pas être très éloquent
▶ Il n'est pas un grand parleur, il a remercié ses parents, sa femme et son réalisateur. Il a salué le public et a quitté la salle sous les applaudissements.

Regen • ein warmer Regen
une aubaine, une bonne occasion
▶ J'ai une petite rentrée d'argent inattendue, je vais profiter de l'aubaine et aller en ville faire du shopping !

Track 31

Regen • vom Regen in die Traufe kommen
changer son cheval borgne contre un aveugle, se jeter à l'eau par peur de la pluie
▶ En quittant son mari pour aller vivre avec son nouvel amour, elle a changé son cheval borgne contre un aveugle.

reif • reif fürs Irrenhaus
être fou à lier
▶ Mon voisin est fou à lier. Il court tout nu dans son jardin et ça tous les week-ends !

Reihe • Die Reihen lichten sich.
Les rangs s'éclaircissent.
▶ En dernière année d'études les rangs se sont encore éclaircis, et nous ne sommes plus qu'une quinzaine.

Reihe • der Reihe nach
chacun son tour
▶ Excusez-moi, c'est à moi de jouer maintenant, c'est chacun son tour.

reinkriechen • jmd hinten reinkriechen
faire de la lèche (arg), lécher le cul à qqn. (vulg), lécher les bottes à qqn. (arg)
▶ Pour en arriver là, il a léché les bottes à toute une escouade de ministres.

Rippen   R

reinlegen • jmd reinlegen
berner qqn., couillonner qqn. (arg), duper qqn.
▶ Ce commerçant m'a couillonné une fois mais pas deux !

Remmidemmi • Remmidemmi machen
faire un boucan d'enfer (arg), faire un tapage (fam),
faire du vacarme (fam)
▶ Nos voisins sont rentrés tard dans la nuit et ont fait un beau tapage.

retten • nicht mehr zu retten sein
avoir la tête fêlée (arg), perdre la boule (arg), perdre la tête (fam),
ne plus avoir tous ses esprits
▶ Ils disent tous que j'ai perdu la tête parce que je suis tombée folle amoureuse d'un homme 15 ans plus jeune que moi.

riechen • jmd nicht riechen können
ne pas pouvoir encadrer qqn. (fam), ne pas blairer qqn. (arg)
▶ Cette personne m'exaspère, je ne peux pas l'encadrer !

Riemen • den Riemen enger schnallen
serrer la ceinture d'un cran, se mettre la ceinture
▶ Ce mois-ci, j'ai payé l'assurance de la voiture, il va falloir serrer la ceinture d'un cran.

Rindvieh
une andouille (arg), un crétin (fam), un enfoiré (fam),
un imbécile (fam), un pauvre abruti (arg), un petit con (arg),
une tête de con (arg)
▶ Il n'a pas seulement l'air d'un petit con, il en est un.

Rippen • nichts auf den Rippen haben
c'est un sac d'os, n'avoir que la peau sur les os
▶ Depuis qu'elle suit ce régime, elle n'a plus que la peau sur les os !

Track 32

Röhre • in die Röhre gucken
faire tintin
▶ Il est arrivé trop tard au repas d'anniversaire, on avait fini le gâteau et il a fait tintin.

Rohrspatz • schimpfen wie ein Rohrspatz
jurer comme un charretier
▶ Le concierge jure toujours comme un charretier quand il voit des jeunes jeter leurs mégots devant l'immeuble.

Rosinen • Rosinen im Kopf haben
vouloir péter plus haut que son cul (arg)
▶ Il a voulu péter plus haut que son cul en s'achetant une villa dans ce quartier bourgeois. Maintenant il a du mal à rembourser son crédit et il a déjà revendu deux voitures.

Ross • auf dem hohen Ross sitzen
être arrogant, être prétentieux
▶ Le mari de notre chef est désagréable et prétentieux. Je ne le supporte pas !

Rostlaube
une vieille gimbarde (fam), un vieux clou (fam), un vieux tacot
▶ Il a voulu partir en Italie en voiture mais à la sortie du village son vieux tacot a rendu l'âme.

Rotz • Rotz und Wasser heulen
pleurer comme une madeleine (fam)
▶ Elle a pleuré comme une madeleine tout le long du film.

ruck • Das geht ruck, zuck!
C'est vite fait ! / En cinq sec ! / En deux temps et trois mouvements !
▶ Quand je l'ai menacé de le priver de son portable, il a fait ses devoirs en cinq sec !

Ruhe • die Ruhe selbst sein
être tranquille comme Baptiste
▶ Même dans les périodes difficiles, rien ne le stresse. Il est tranquille comme Baptiste.

Ruhe • jmd in Ruhe lassen
laisser qqn. tranquille, foutre la paix à qqn. (arg),
lâcher les baskets de qqn. (arg)
▶ Je lui ai dit de me laisser travailler seul et de me foutre la paix.

Ruhe • sich zur Ruhe setzen
se retirer des affaires
▶ À 75 ans, il n'envisage toujours pas de se retirer des affaires.

Runden • über die Runden kommen
joindre les deux bouts
▶ Elle ne sait pas gérer son argent, et malgré un revenu relativement élevé, elle a toujours du mal à joindre les deux bouts.

Sache • in eigener Sache reden
prêcher pour sa paroisse
▶ Le maire ne fait que prêcher pour sa paroisse quand il plaide pour la construction d'une nouvelle école. En effet, le terrain de construction appartient à sa sœur.

Sache • nicht bei der Sache sein
ne pas avoir le cœur à l'ouvrage
▶ Depuis que son chien est mort, elle n'a plus le cœur à l'ouvrage quand elle est au bureau. Elle est triste, elle pleure souvent.

Sack • jmd in den Sack stecken
mettre qqn. dans sa poche, ne faire qu'une bouchée de qqn.
▶ Cet employé met même le chef dans sa poche.

Saft • ohne Saft und Kraft
sans force ni énergie
Tranfunzel: un mollasson
▶ Son mollasson de fils pouvait rester des heures sans rien faire.

sagen • wie man so schön sagt
comme dit l'autre ...

Saite • andere Saiten aufziehen
serrer la vis à qqn.
▶ Il va falloir que le professeur serre la vis à certains de ses élèves dont le comportement perturbe le déroulement du cours.

Salon • nicht salonfähig sein
ne pas être présentable, ne pas être sortable
▶ Tu manges comme un cochon, tu n'es vraiment pas présentable.

Sand • jmd Sand in die Augen streuen
jeter de la poudre aux yeux de qqn. (fam)
▶ Notre conseiller en fonds d'investissement nous a jeté de la poudre aux yeux. Nous avons perdu toutes nos économies et lui, il s'en est sorti indemne.

sang- und klanglos
sans tambour ni trompette
▶ Il a quitté la scène politique sans tambour ni trompette.

sauer • sauer sein
être de mauvais poil, être en colère, être vexé
▶ J'ai tout de suite vu qu'elle était de mauvais poil et qu'il valait mieux ne pas lui parler des mauvaises notes de Pierre.

Saus • in Saus und Braus leben
mener la grande vie, mener la vie de château
▶ Il n'a jamais mené la vie de château et Dieu sait qu'il aurait pu se le permettre !

saukalt
un froid de canard (fam)
▶ Hier, je ne suis pas sorti, il faisait un froid de canard.

Track 34

Sauwetter
temps de chien (fam), temps de cochon (fam)
▶ Par ce temps de chien, on ne voit personne dehors.

Schachtel • eine alte Schachtel
une vieille carcasse (vulg), une vieille peau (vulg), une vieille toupie (fam)
▶ Notre professeur de musique était une vieille toupie moche et méchante.

Schale • sich in Schale werfen
se mettre sur son 31
▶ Quand il sort le soir, il se met toujours sur son 31.

Schaumschläger
un épateur, un esbroufeur (fam)
▶ Le mari de ma meilleure amie n'est qu'un épateur.

Scheinheiliger • ein Scheinheiliger
un cul-béni
▶ Il cache sa vraie nature sous des airs de cul-béni.

scheißfreundlich
être tout sucre, tout miel
▶ Je ne vais plus chez le boucher du coin, il est toujours tout sucre, tout miel avec ses clientes.

Scherereien • Scherereien machen
chercher des noises (fam)
▶ Quand il a bu, il cherche des noises à tout le monde.

Schickimicki
bon chic, bon genre; BCBG
▶ Cet endroit bon chic, bon genre et assez « select » vaut la peine qu'on y fasse un détour.
▶ Mon ami Charles fait très bcbg. Il ne boit jamais son espresso, il le déguste !

schießen • Es ist zum Schießen.
C'est à se rouler par terre.
▶ Quand il nous raconte ses histoires de femmes, c'est à se rouler par terre.

Schluckspecht   S

Schiss • Schiss haben
avoir les chocottes (arg), avoir les jetons (arg),
avoir les pépettes (arg), avoir la trouille (fam)
▶ Pour rentrer plus vite, nous avons traversé le parc mais crois-moi, nous avions les jetons.

Schlaf • etwas im Schlaf können
faire qqch. les deux doigts dans le nez (fam), faire qqch. les yeux fermés

Track 35

▶ Il est chauffeur routier depuis 25 ans, et maintenant il fait la route les yeux fermés.

schlagen • Schlag ein!
Tope-là !

Schlamassel • Das ist vielleicht ein Schlamassel.
Quelle poisse ! (fam) / Quelle merde ! (vulg)

schlechtgelaunt • schlechtgelaunt sein
être mal brossé (fam), être mal luné (fam), être de mauvaise humeur
▶ À son regard sombre, j'ai tout de suite reconnu qu'il était mal luné.

Schlot • rauchen wie ein Schlot
fumer comme un turc (fam), fumer comme un sapeur (fam), fumer comme une locomotive
▶ Il ne va pas vivre longtemps s'il continue à fumer comme un sapeur.

Schluckspecht • ein Schluckspecht
un ivrogne, un poivrot (arg), un saoulard (fam),
une véritable éponge (fam)
▶ Depuis qu'il a perdu son travail, Marcel est devenu un véritable poivrot !

schmieren • wie geschmiert laufen
aller comme sur des roulettes (fam), aller tout seul (fam)
▶ Au début, j'ai eu beaucoup de mal à faire ce travail, maintenant ça va tout seul.

schnuppe • Das ist mir schnuppe!
Je m'en fous ! (fam) / Je n'en ai rien à glander ! (arg) /
Je m'en tape le cul ! (vulg)

Schule • aus der Schule plaudern
vendre la mèche
▶ Il n'a pas su tenir sa langue et a vendu la mèche avant que son père n'ouvre son cadeau.

schwarz • Da kannst du warten, bis du schwarz wirst!
Tu peux attendre jusqu'à la Saint-Glinglin ! (fam)

schwarz • ins Schwarze treffen
mettre dans le mille, faire mouche (fam)
▶ Quand elle lui a dit ce qu'elle pensait de lui, il a rougi. Ses paroles ont fait mouche.

Senf • seinen Senf dazugeben
mettre son grain de sel, ramener sa fraise (arg), la ramener (fam)
▶ Il faut toujours qu'il mette son grain de sel partout, même dans ce qui ne le regarde pas.

Siebensachen • seine Siebensachen packen
prendre ses cliques et ses claques (fam)
▶ Il a pris ses cliques et ses claques et il a quitté la maison. Cette fois, je crois qu'il est parti pour toujours.

sprechen S

Sorgen • andere Sorgen haben
avoir d'autres chats à fouetter
▶ J'ai d'autres chats à fouetter que de m'occuper des commérages du voisinage.

Späne • Wo gehobelt wird, fallen Späne. (prov)
On ne fait pas d'omelette sans casser d'œufs. (prov)

Spendierhosen • seine Spendierhosen anhaben
jouer au grand seigneur
▶ Aujourd'hui, Raymond joue au grand seigneur, il a invité tous ses copains au cinéma.

spinnefeind • einander spinnefeind sein
être à couteaux tirés avec qqn.
▶ Ces deux commerçants voisins sont à couteaux tirés depuis des années, ils se livrent une lutte concurrentielle sans précédent.

Spitzbube
un coquin, un fripon, un vilain
▶ Ce coquin a volé mes cerises à mon nez et à ma barbe.

Spott • Spott und Hohn ernten
être la risée de qqn., être la tête de turc des railleries
▶ Il est la risée de tout le bureau depuis que la secrétaire l'a giflé devant tous ses collègues.

Sprache • Heraus mit der Sprache!
Vide ton sac !

sprechen • Das spricht für dich.
C'est tout à ton honneur.

Sprung • jmd auf die Sprünge helfen
aider qqn., mettre qqn. sur la voie
▶ Dès qu'il s'apercevait que nous avions des difficultés à résoudre un problème, notre professeur de maths nous mettait sur la voie.

Spürnase • eine Spürnase für etwas haben
avoir le nez fin pour qqch., avoir le nez creux pour qqch.
▶ Il a le nez fin pour les affaires, il reconnaît toujours les bonnes occasions et sait les saisir.

Track 37

Stange • jmd bei der Stange halten
retenir qqn. par des promesses
▶ Il ne m'a pas encore réglé ses deux dernières factures mais il parvient toujours à me retenir par ses promesses de rentrées d'argent imminentes.

Starallüren • Starallüren haben
avoir des allures de star
▶ J'ai du mal à croire que cette superbe femme aux allures de star n'est autre que ma voisine Muriel, petite villageoise toute simple.

stehen • Es steht ihm / ihr gar nicht gut.
Ça lui va comme un tablier à une vache.
▶ Ce pantalon lui va comme un tablier à une vache.

stehen • sich mit jmd gut stellen
être bien avec qqn., être dans les petits papiers de qqn., être en bons termes avec qqn.
▶ Ma collègue est dans les petits papiers du chef. Elle ne travaille pas beaucoup mais elle est charmante et toujours souriante.

(Steck-)Nadel • eine (Steck-)Nadel im Heuhaufen suchen
chercher une aiguille dans une botte de foin
▶ Il savait que chercher cette fille qu'il avait entrevue lors du marathon de New York c'était comme chercher une aiguille dans une botte de foin.

Stelle • auf der Stelle treten
pédaler dans la choucroute (fam), tourner en rond (fam)
▶ On voyait bien qu'il avait du mal à faire ce travail et qu'il pédalait dans la choucroute, mais il refusait catégoriquement notre aide.

Stern • für jmd die Sterne vom Himmel holen
décrocher la lune pour qqn.
▶ Il décrocherait encore la lune pour cette femme qu'il aime depuis vingt ans.

Stich • jmd im Stich lassen
faire faux-bond à qqn. (fam), laisser qqn. en plan (fam)
▶ Hier, ma nourrice m'a fait faux-bond. Elle devait prendre mon petit Lucien mais au dernier moment, elle m'a dit qu'elle avait un rendez-vous chez le dentiste.

Stielaugen • Stielaugen machen / bekommen
faire des yeux comme des soucoupes (fam)
▶ Quand il m'a vu arriver dans ma superbe nouvelle voiture, mon voisin a fait des yeux comme des soucoupes.

stinken • nach Geld stinken
être pourri de fric (arg)
▶ Mon voisin est pourri de fric mais il est quand même resté sympa.

stinken • vor Faulheit stinken
avoir un poil dans la main, être fainéant comme un poux, être paresseux comme une couleuvre
▶ Sa mère le gâte trop, il est fainéant comme un poux.

Stinklaune
être d'une humeur de chien (fam)
▶ Il vaut mieux ne pas lui parler aujourd'hui, il est d'une humeur de chien.

stocknüchtern • stocknüchtern sein
être sobre comme un chameau
▶ C'est Christophe qui conduit aujourd'hui, il n'a rien bu, il est sobre comme un chameau.

stolz • stolz wie ein Pfau sein
être fier comme Artaban
▶ Son permis de conduire en poche, il est rentré fier comme Artaban.

Störenfried
emmerdeur
▶ Je n'inviterai pas Pierre, c'est un emmerdeur.

Streit • einen Streit vom Zaun brechen
chercher des crosses à qqn. (arg), chercher des noises à qqn. (arg)
▶ Comme je te le disais déjà tout à l'heure, Pierre est un emmerdeur, il cherche toujours des noises à tout le monde.

Strich • auf den Strich gehen
faire le tapin, faire le trottoir
▶ Ma voisine m'a dit que, quand son mari s'était retrouvé au chômage, elle avait dû faire le tapin pendant presque deux ans.

Strich • nur ein Strich (in der Landschaft) sein
être maigre comme un clou
▶ Elle est maigre comme un clou et moche comme un pou mais elle rêve de devenir mannequin.

Strohfeuer
un feu de paille
▶ Il avait cru au grand amour mais il ne s'agissait que d'une passion éphémère, un feu de paille.

Stück • Das ist ein starkes Stück!
C'est fort ! / C'est plus fort que le roquefort !

Stuhl • zwischen zwei Stühlen sitzen
avoir le cul entre deux chaises (vulg), être assis entre deux chaises
▶ Il se laisse souvent entraîner par sa bonté et se retrouve presque aussi souvent le cul entre deux chaises.

Sündenbock
le bouc émissaire
▶ Il est le bouc émissaire du bureau. C'est toujours sur lui que retombent les fautes de ses collègues.

Süßholz • Süßholz raspeln
conter fleurette à qqn.
▶ Je viens de rencontrer Marcel. Il était en train de conter fleurette à une ravissante jeune fille. Si sa femme le savait …

Tacheles • Tacheles reden
parler ouvertement
▶ Il était absolument nécessaire de lui parler ouvertement de son comportement afin de pouvoir envisager la continuation de notre travail commun.

Track 39

Tag • auf den Tag genau
jour pour jour
▶ Il y a dix ans, jour pour jour, que j'ai rencontré l'amour de ma vie.

Tag • den lieben, langen Tag lang
à longueur de journée
▶ Depuis qu'il est en retraite, il lit le play-boy à longueur de journée.

Tag • ein schwarzer Tag
un jour noir
▶ L'explosion de la navette Columbia est un jour noir dans l'histoire de la conquête spatiale de la NASA.

Tag • Viel reden, wenn der Tag lang ist.
Cause toujours, tu m'intéresses !

Tamtam • ein großes Tamtam machen
faire un tam-tam (fam)
▶ Elle a fait tout un tam-tam de la naissance de son sixième enfant.

Tante • Tante-Emma-Laden
petite épicerie
▶ C'est une petite épicerie de dépannage mais on y trouve toujours du bon fromage.

Tasche

Tasche • jmd auf der Tasche liegen
vivre aux crochets de qqn. (fam)
▶ À quarante ans, Maurice vit encore aux crochets de ses parents.

Tasse • eine trübe Tasse sein
être un rabat-joie, être un trouble-fête
▶ On n'invitera plus jamais Jean-Paul. C'est un vrai rabat-joie.

Tattergreis
un petit vieux gâteux (fam), un vieux gaga (fam)
▶ C'est peut-être un petit vieux gâteux mais avouez qu'il est super drôle.

Tee • Abwarten und Tee trinken.
Il faut faire preuve de patience.

Teller • nicht über den eigenen Tellerrand blicken können
ne pas voir plus loin que le bout de son nez
▶ La décision qu'il vient de prendre va avoir des répercussions négatives sur la motivation de son personnel, mais il ne veut pas voir plus loin que le bout de son nez.

Teufel • in Teufels Küche kommen
se mettre dans une mauvaise situation, se mettre dans de mauvais draps (fam)
▶ S'il ne change pas bientôt ses fréquentations, il va finir par se mettre dans de mauvais draps.

Teufel • jmd zum Teufel jagen
envoyer paître qqn. (arg), envoyer qqn. se faire voir (fam)
▶ C'était la troisième fois en une semaine qu'il venait pour me vendre un aspirateur. Je l'ai envoyé paître.

Teufel • Wenn man vom Teufel spricht ...
Quand on parle du loup, on voit la queue.

Theater • Theater machen
faire du tapage, faire un foin
▶ Quand Elisabeth a annoncé à son père qu'elle voulait devenir comédienne, il a fait un foin incroyable.

Tier • arbeiten wie ein Tier
travailler comme un arrache-pied, travailler comme un fou
▶ Cet homme travaille comme un arrache-pied pour payer les dettes de son père.

Tier • ein hohes / großes Tier sein
être un gros bonnet, être une grosse légume
▶ Fais attention de ne rien dire à propos de l'affaire Malfait. Malgré son inculpation, le patron reste une grosse légume et il pourrait te causer quelques ennuis.

Tipp • einen guten Tipp haben
avoir un bon tuyau
▶ La prochaine fois que tu as un bon tuyau comme ça, tu me le dis plus tôt !

Tisch • reinen Tisch machen
mettre les choses au clair
▶ Le mois dernier, j'ai mis les choses au clair avec mon fils. Depuis, ses résultats scolaires sont nettement meilleurs.

Tod • jmd auf den Tod nicht ausstehen / leiden können
ne pas pouvoir blairer qqn. (arg), ne pas pouvoir sentir qqn. (fam), ne pas pouvoir voir qqn.
▶ Tous les hommes sont fous de cette fille. Moi, je ne peux pas la blairer.

T — Tod

Tod • sich zu Tode langweilen
se faire chier comme un rat mort (vulg), s'ennuyer à mort
▶ Je me suis fait chier comme un rat mort pendant tout le spectacle.

Tomate • rot wie eine Tomate werden
être rouge comme une pivoine, piquer un fard
▶ Dès qu'elle doit prendre la parole en réunion, elle pique un fard.

tot • sich totlachen
crever de rire (fam), mourir de rire, être plié de rire
▶ Les enfants sont toujours pliés de rire quand le curé se met à chanter.

Touren • auf vollen Touren laufen
battre son plein
▶ La fête battait son plein quand je suis arrivée.

trinken • Darauf müssen wir einen trinken!
Ça s'arrose !

trinken • gern einen über den Durst trinken
aimer biberonner (fam), aimer la goutte (fam)
▶ Il aime bien la goutte mais il n'aime pas boire seul. Quand il me voit, il m'invite toujours à prendre l'apéro. L'apéro chez lui, ça se prend à toute heure.

Tropfen • ein Tropfen auf den heißen Stein
une goutte d'eau dans la mer
▶ Même si ce n'est qu'une goutte d'eau dans la mer, tout ce qu'on donne et tout ce qu'on peut faire pour aider n'est jamais en vain.

Trumpf • alle Trümpfe in der Hand halten
avoir tous les atouts en main
▶ J'ai tous les atouts en main, ils n'ont aucune chance de l'emporter.

Tube • auf die Tube drücken
appuyer sur le champignon (fam), mettre le pied au plancher
▶ Quand j'ai vu qu'il était l'heure de mon émission préférée, j'ai appuyé sur le champignon.

Tüpfelchen • das Tüpfelchen auf dem i
la cerise sur le gâteau
▶ Quand la concurrence est grande, la cerise sur le gâteau, comme par exemple :
deux achetés, un gratuit, est souvent un critère de décision important
pour le consommateur.

Tür • mit der Tür ins Haus fallen
ne pas y aller par quatre chemins
▶ Elle n'y est pas allée par quatre chemins. Elle a dit à son mari qu'elle le quittait pour toujours. Elle a fait ses valises et elle est partie.

Tür • offene Türen einrennen
enfoncer une porte ouverte
▶ Il a enfoncé une porte ouverte en me disant que l'on pourrait acheter un sèche-linge.

Typ • Dein Typ ist hier nicht gefragt!
On ne t'a rien demandé à toi !

U

übel

Track 42

übel • jmd übel mitspielen
jouer un mauvais tour à qqn. (fam), vouloir du mal à qqn.
▶ Ils ont joué un mauvais tour à leurs enfants en léguant toute leur richesse à un orphelinat.

überleben • Das überleb ich nicht!
Ça va m'achever !

übrig • etwas für jmd / eine Sache übrig haben
avoir un faible pour qqn. / qqch.
▶ Il a toujours eu un faible pour tout ce qui est beau et pour les belles femmes aussi bien sûr.

Uhr • Seine Uhr ist abgelaufen.
Son heure a sonné.

Umnachtung • in geistiger Umnachtung sein
ne plus avoir tous ses esprits, perdre la boule (arg), perdre la tête
▶ Tu avais certainement perdu la tête quand tu as invité tout ce monde pour mon anniversaire !

Umstandskrämer • ein Umstandskrämer sein
être le père des difficultés, chercher la petite bête
▶ J'ai beaucoup de mal à supporter le nouvel ami de Véronique. Il cherche toujours la petite bête et complique les choses inutilement.

ungebunden • frei und ungebunden sein
libre comme l'air
▶ Il n'a ni femme ni enfants. Il est libre comme l'air et en profite beaucoup.

Unglückszahl
chiffre porte-malheur
▶ On dit que le treize est un chiffre porte-malheur.

Ursache

ungut • Nichts für ungut!
Sans rancune !

Unschuld • Er / Sie ist wie die Unschuld vom Lande.
On lui donnerait le bon Dieu sans confession.

unsterblich • unsterblich verliebt sein
être fou amoureux
▶ Il est fou amoureux de sa femme, même encore aujourd'hui, 25 ans après leur mariage.

unten • ganz unten sein
toucher le fond
▶ Il a fallu qu'il touche le fond pour enfin reconnaître son problème et arrêter de boire.

unten • nicht mehr wissen, was unten und oben / wo hinten und vorne ist
Je ne sais plus où mettre de la tête. / Je ne sais plus où j'en suis.

unterbuttern • sich nicht unterbuttern lassen
ne pas mettre les deux pieds dans le même sabot
▶ Fabienne sait parfaitement s'organiser et ne perd pas son temps en discussions inutiles. Il faut dire qu'elle n'a pas l'habitude de mettre les deux pieds dans le même sabot.

Ursache • Keine Ursache!
Il n'y a pas de quoi !

Vater

Track 43

Vater • Wie der Vater, so der Sohn. (prov)
Tel père, tel fils. (prov)

Veilchen • ein Veilchen haben
avoir un œil au beurre noir

Verachtung • jmd mit Verachtung strafen
accabler qqn. de son mépris
▶ Quand ses collègues ont appris qu'il avait frappé sa femme, ils l'ont accablé publiquement de leur mépris.

verblüffen
en boucher un coin à qqn. (arg)
▶ Quand je lui ai dit que j'avais réussi ce concours, je lui en ai bouché un coin !

verboten • verboten aussehen
être mal fagotté (fam)
▶ Il est arrivé en retard, il était mal rasé, mal coiffé, bref : il était terriblement mal fagotté.

verdammt • Es geht ihm verdammt gut.
Il a la frite. / Il a la pêche.
▶ Depuis qu'il suit un régime et refait du sport, il a la pêche.

verdammt • Verdammt noch mal!
Nom d'un chien ! / Nom d'une pipe !

verfallen • jmd verfallen sein
tomber sous le charme de qqn.
▶ Je suis tombé sous le charme du nouveau facteur. Et maintenant, il m'arrive même de m'envoyer du courriers.

verschonen • Verschone mich damit!
J'en parlerai à mon cheval !

versetzen • jmd versetzen
poser un lapin à qqn. (fam)
▶ Il m'a donné rendez-vous et n'est pas venu. C'est la première fois qu'on me pose un lapin.

Verstand • jmd um den Verstand bringen
prendre la tête à qqn. (fam), rendre fou qqn.
▶ Cette femme me prend la tête, elle va finir par me rendre folle !

vier • alle viere von sich strecken
s'affaler épuisé, s'étendre de tout son long

vier • auf allen vieren
à quatre pattes
▶ Quand je suis rentré dans le bureau du chef, il était en train de marcher à quatre pattes devant sa secrétaire. Il cherchait ses verres de contact.

Vogel • ein komischer Vogel sein
être un drôle de gaillard (fam), être un drôle de type (fam)
▶ C'est vraiment un drôle de gaillard notre nouveau voisin.

voll • voll bis obenhin
être plein comme une barrique (arg)
▶ Quand je suis arrivé à la fête, Marcel était déjà plein comme une barrique.

Track 44

wagen • Wer wagt, gewinnt. (prov)
La fortune sourit aux audacieux. (prov)

wahr • so wahr ich hier stehe
aussi vrai que je m'appelle …
▶ Je t'assure que c'est vrai, aussi vrai que je m'appelle Marie !

Wald • Wie man in den Wald hineinruft, so schallt es zurück. (prov)
Telle demande, telle réponse.

Wand • in seinen eigenen vier Wänden
entre ses quatre murs
▶ Voilà Marcel coincé entre ses quatre murs, avec deux jambes plâtrées.

warum • das Warum und Weshalb
le pourquoi du comment
▶ C'est une qualité ou un défaut de toujours vouloir savoir le pourquoi du comment ?

Wasser • jmd läuft das Wasser im Munde zusammen
avoir l'eau à la bouche, se lécher les babines (fam)
▶ À l'approche des fêtes de fin d'année, petits et grands se lèchent les babines.

Wasser • jmd nicht das Wasser reichen können
ne pas arriver à la cheville de qqn. (fam)
▶ Il n'arrivera jamais à la cheville de son père.

Wespentaille

Wasser • mit allen Wassern gewaschen sein
avoir plus d'un tour dans son sac
▶ Méfie-toi, il a plus d'un tour dans son sac !

Weiberheld
coureur de jupons (fam)
▶ On ne le voit jamais seul. Il a toujours une jolie fille à ses côtés mais ce n'est jamais la même. C'est un vrai coureur de jupons.

weinen • Es ist zum Weinen.
C'est à pleurer.

Weisheit • Behalte deine Weisheiten für dich!
Mêle-toi de tes affaires !

weiter • und so weiter und so fort
et ainsi de suite / et cetera, et cetera

Welt • Was in aller Welt …?
Que diable … ?

Track 45

wennschon • (na) wennschon
et alors ?

wennschon • wennschon, dennschon …
tant qu'à faire …

Wespentaille
taille de guêpe
▶ Sa taille de guêpe, c'est tout ce qu'elle a de bien et elle en est fière.

W — Wichtigtuer

Wichtigtuer • ein Wichtigtuer
un m'as-tu vu (fam)
▶ Entre midi et deux, la terrasse du café est toujours pleine. On y rencontre plein de m'as-tu-vu aux cheveux longs et en robe moulante ...

wickeln • schief gewickelt sein
se fourrer le doigt dans l'œil (fam)
▶ Tu te fourres le doigt dans l'œil si tu crois que je vais t'aider encore une fois.

Wiesel • (flink) wie ein Wiesel
vif comme un écureuil
▶ Toto, c'est un petit garçon intelligent et vif comme un écureuil.

Wolf • mit den Wölfen heulen
hurler avec les loups, être loup avec les loups
▶ Ce jeune politicien ambitieux a vite appris à hurler avec les loups.

Wort • Das ist ein Wort!
Voilà ce qui s'appelle parler !

Wörtchen • Wenn das Wörtchen wenn nicht wär ... (, wär mein Vater Millionär.)
Avec des si, on mettrait Paris en bouteille ! (prov)

Wurst • Das ist mir wurst/wurscht!
Je m'en bats l'œil ! / Je m'en fous !

X • jmd ein X für ein U vormachen
faire prendre des vessies pour des lanternes (fam)
▶ Je lui ai dit de ne pas se moquer de moi, et d'arrêter de vouloir me faire prendre des vessies pour des lanternes.

Track 46

X-Beine • X-Beine haben
avoir des jambes cagneuses
▶ Il était chauve, bossu et avait des jambes cagneuses. Il n'était vraiment pas joli à voir.

Z — Zack

Zack • Zack-zack!
Allez hop ! Vite, vite !

Zacken • Da wird dir kein Zacken aus der Krone fallen!
Tu n'en mourras pas !

Zahn • der Zahn der Zeit
les ravages du temps
▶ Un jour, on s'aperçoit que le maquillage ne suffit plus pour cacher les ravages du temps.

Zauber • Das ist ein fauler Zauber.
C'est du bidon.

zeigen • Denen werden wir's zeigen!
Ils nous le paieront !

Zeit • Alles zu seiner Zeit!
Chaque chose en son temps !

Zeit • mit der Zeit gehen
vivre avec son temps
▶ Mon oncle a toujours vécu avec son temps, il connaît tout de la technique moderne. Quand j'ai un problème d'ordinateur, c'est toujours à lui que je m'adresse.

Zenit • den Zenit erreicht haben
avoir atteint le zénith, être au zénith
▶ Quand il a atteint le zénith de sa carrière, il a décidé de quitter la scène politique et d'écrire un roman.

Zeug • sich ins Zeug legen
suer sang et eau
▶ Il a sué sang et eau pour obtenir ce contrat. Maintenant qu'il l'a dans la poche, il part en vacances.

Ziege • eine alte Ziege sein
être une vieille bique (fam)
▶ Je n'aime pas cette femme. C'est une vieille bique méchante qui n'aime pas les enfants et qui ne dit que du mal sur sa famille.

Track 48

ziehen • einen ziehen / fahren lassen
péter (arg)
▶ Je ne sais pas ce que Georges a mangé, il n'arrête pas de péter.

Zug • in den letzten Zügen liegen
bald sterben: être à l'agonie
▶ Tout le monde le croyait à l'agonie quand soudain, il s'est levé pour aller aux toilettes.

Z — Zügel

Zügel • die Zügel locker lassen
lâcher la bride
▶ Depuis que le professeur de maths a un peu lâché la bride, l'ambiance est nettement meilleure. L'atmosphère est détendue et les élèves participent mieux au cours.

Zunge • Es liegt mir auf der Zunge.
Je l'ai sur le bout de la langue.

Zunge • seine Zunge im Zaum halten
tenir sa langue
▶ J'ai tenu ma langue, même si ça n'a pas été facile de garder cette bonne nouvelle pour moi pendant plus de 24 heures.

Zwang • Tu dir keinen Zwang an!
Faut pas se gêner ! / Là, où il y a de la gêne, il n'y a pas de plaisir !

Zweck • Der Zweck heiligt die Mittel.
La fin justifie les moyens.

Zwickmühle • in einer Zwickmühle sein
être coincé, être dans la merde (arg), être dans le pétrin (fam)
▶ Elle était dans la merde jusqu'au cou et personne ne l'a aidée.

Register

A
à la bourre 17
à la dernière minute 17
à la Saint-Glinglin 48
à longueur de journée 73
à quatre pattes 81
à tout prix 54
à toutes blindes 12
accabler qqn. de son mépris 80
activer une affaire 15
aider qqn. 68
aimer biberonner 76
aimer la goutte 76
aller comme sur des roulettes 66
aller droit au but 16
aller tout seul 66
Allez hop ! 86
Allez hop, et que ça saute ! 15
appuyer sur le champignon 24, 77
attendre qqn. au tournant 30
attraper la grosse tête 38
au bout du monde 34
aussi vrai que je m'appelle ... 82
avec armes et bagages 37
Avec des si, on mettrait Paris en bouteille ! 84
avec la rapidité de l'éclair 12
avec toute la smalah 37
avoir atteint le zénith 86
avoir bon pied bon oeil 25
avoir bouffé du lion 10
avoir d'autres chats à fouetter 67
avoir de la jugeotte 38
avoir des allures de star 68
avoir des jambes cagneuses 85
avoir du bol 17
avoir du boulot sur la planche 50
avoir du chien 19
avoir du ventre 12
avoir encore du lait au bout du nez 50
avoir envie de recevoir une raclée 21

avoir été bercé un peu près du mur 9
avoir fait le plus dur 11
avoir la frite 26
avoir la gueule de bois 14
avoir la tête fêlée 59
avoir la trouille 65
avoir le cul entre deux chaises 72
avoir le cul sorti des ronces 11
avoir le fou rire 40
avoir le nez creux pour qqch. 68
avoir le nez fin pour qqch. 68
avoir le trac 40
avoir l'eau à la bouche 82
avoir les boules 45
avoir les chocottes 45, 65
avoir les jambes coupées 13
avoir les jetons 65
avoir les pépettes 65
avoir les pétoches 45
avoir plus d'un tour dans son sac 21, 83
avoir qqn. / qqch. sur le dos 27
avoir qqn. dans la peau 46
avoir tous les atouts en main 76
avoir un bon tuyau 75
avoir un chat dans la gorge 23
avoir un coeur en or 30
avoir un coeur gros comme ça 30
avoir un coup de barre 17
avoir un coup de pompe 17
avoir un creux 44
avoir un faible pour qqn. / qqch. 78
avoir un gros bide 12
avoir un oeil au beurre noir 80
avoir un poil dans la main 70
avoir une casquette plombée 36
avoir une chance de cocu 17
avoir une faim de loup 9, 38
avoir une frite d'enfer 26

avoir une grosse bedaine 12
avoir une prise de bec avec qqn. 27
avoir une veine de pendu 17

B
bagarreur 56
battre son plein 76
bavard 55
BCBG 64
berner qqn 59
bled paumé 35
boire comme un trou 43
boire le der des der 26
boire un coup de trop 10
boire un petit dernier pour la route 26
bon chic, bon genre 64
boucler qqch. 15
bouder 41
bouffer les pissenlits par la racine 56
bref 57
brute 56

C
C'est à pleurer. 83
c'est à prendre ou à laisser 19
C'est à se rouler par terre. 64
c'est à se taper le cul par terre 40
C'est du bidon. 86
c'est du chinois 9
C'est du réchauffé ! 35
C'est du toc. 56
c'est du tout cuit 23
C'est fort ! 71
C'est le bouquet ! 31
C'est le comble ! 31
C'est le pompon ! 25
C'est pas à un vieux singe, qu'on apprend à faire des grimaces. 18
C'est pas du gâteau. 31
C'est peine perdue ! 32
C'est plus fort que le roquefort ! 71
C'est toujours la même rengaine ! 41
C'est toujours le même refrain ! 41

89

Register

C'est tout à ton honneur. 67
C'est trop ! 14
c'est un sac d'os 59
c'est une aubaine 23
C'est vite fait ! 60
Ça lui va comme un tablier à une vache. 68
Ça ne me dit rien ! 13
Ça ne te cassera pas une jambe ! 52
Ça ne te tuera pas ! 52
Ça s'arrose ! 76
Ça va barder. 35
Ça va chauffer. 35
Ça va chier dur. 35
Ça va m'achever ! 78
Ça va trop loin ! 57
Cause toujours, tu m'intéresses ! 73
Ce n'est pas ma tasse de thé. 20
C'est ça. 24
c'est pas donné 33
c'est pas du gâteau 33
chacun porte sa croix 51
chacun porte son fardeau 51
chacun son tour 58
changer son cheval borgne contre un aveugle 58
Chaque chose en son temps ! 86
chercher des crosses à qqn. 71
chercher des noises 64
chercher des noises à qqn. 71
chercher la petite bête 78
chercher une aiguille dans une botte de foin 69
chiffre porte-malheur 78
choper la grosse tête 38
classer une affaire 15
clouer le bec à qqn 24, 44
coincer qqn. sur qqch. 21
comme dit l'autre 62
comme une flèche 12
comme une poule qui a trouvé un couteau 39, 49
conter fleurette à qqn. 72
couard 5
couillonner qqn. 59
coureur de jupons 83

courir après le bifteck 14
courir deux lièvres à la fois 30
coûte que coûte 54
crâner 51
crever de rire 76
crever les yeux 7

D
dans le feu de l'action 31
de A à Z 5
de justesse 27
décrocher la lune pour qqn. 70
défendre une position perdue 54
déglinguer 41
déguerpir 15
d'emblée 5
des commérages 37
des grandes pattes 55
des gros panards 55
des racontars 37
devoir casquer 10
devoir cracher 10
donner un coup de main à qqn. 28
dormir comme un loir 56
dormir comme une marmotte 56
dormir comme une souche 56
dresser l'oreille 50
Du calme ! 13
du début à la fin 5
du premier coup 5
duper qqn. 59

E
embobiner qqn. 22
emmerdeur 71
en avoir les bras coupés 9
en avoir marre 27
en avoir par dessus la tête 27
en avoir plein le dos 27
en avoir pour son argent 38
en avoir sa claque 27
en bon français 15
en boucher un coin à qqn. 80
en cinq sec 28
En cinq sec ! 60

en deux mots 39, 57
En deux temps et trois mouvements ! 60
en deux temps, trois mouvements 48
en faire tout un plat 45
en faire voir de toutes les couleurs à qqn. 40
en faire voir des vertes et des pas mûres à qqn. 40
en mettre plein la vue à quelqu'un 18
en moins de deux 48
en moins de rien 48
en résumé 57
en un clin d'oeil 48
en un quart de tour 28
en un tour de main 28
enfoncer une porte ouverte 77
entre nous 8
entre quat-z-yeux 8
entre ses quatre murs 82
envoyer balader qqn. 53
envoyer chier qqn. 53
envoyer paître qqn. 74
envoyer qqn. au diable 53
envoyer qqn. balader 40
envoyer qqn. se faire voir 74
et ainsi de suite 83
et alors ? 83
et cetera, et cetera 83
Et ta soeur ! 51
Et ta soeur, elle bat du beurre ? 26
être à côté de la plaque 35
être à côté de ses chaussures 35
être à côté de ses pompes 35
être à couteaux tirés avec qqn. 67
être à l'agonie 87
être à la page 31
être à sec 5
être arrogant 60
être assis entre deux chaises 72
être au four et au moulin 31
être au zénith 86
être aux prises avec qqn. 27
être baba 9, 53

90

Register

être bête comme ses pieds 13
être bien avec qqn. 68
être bien embêté 7
être branché 33
être calé en qqch. 11
être claqué 22
être cloué au lit 11
être coincé 88
être complètement crevé 22
être connu comme le loup blanc 32
être d'attaque 53
être d'une humeur de chien 70
être d'une laideur à faire peur 46
être dans la dèche 32
être dans la merde 88
être dans le pétrin 88
être dans les petits papiers de qqn. 68
être dans ses petits souliers 37
être dans son assiette 53
être de mauvais poil 63
être de mauvaise humeur 65
être débordé par le travail 50
être d'enfer 33
être dur à la détente 41
être ébahi 53
être en bons termes avec qqn. 68
être en colère 63
être en pleine forme 25
être époustouflé 9, 53
être estomaqué 9
être fainéant comme un poux 21, 70
être fait comme un rat 20
être fauché comme les blés 5
être fier comme Artaban 52, 71
être fier comme un paon 52
être fort comme un boeuf 9
être fort en qqch. 11
être fou à lier 58
être fou amoureux 79
être fou de joie 29

etre frais comme une rose 41
être frappé par la foudre 13
être gai comme un pinson 55
être la coqueluche 27
être la risée de qqn. 67
être la tête de turc des railleries 67
être laid comme un poux 46
être le coq du village 27
être le meilleur ... 53
être le père des difficultés 78
être loup avec les loups 84
être maigre comme un clou 71
être mal brossé 65
être mal en point 16
être mal fagotté 80
être mal luné 65
être malin 8
être muet comme une carpe 22
être né sur une barrique 49
être paresseux comme une couleuvre 70
être plein comme une barrique 81
être plié de rire 76
être pompette 5
être pourri de fric 70
être prétentieux 60
être pris au piège 20
être rouge comme une pivoine 76
être ruiné 32
être rusé 8
être sans un sou 5
être scié 13
être sidéré 45
être sobre comme un chameau 70
être sorti de l'auberge 11
être sourd de cette oreille 50
être sur les rotules 22
être taciturne 44
être têtu comme une bourrique 19
être têtu comme une mule 19
être tout sucre 64

être tranquille comme Baptiste 61
être un averti 28
être un béni-oui-oui 34
être un blanc-bec 50
être un bourreau de travail 6
être un casse-cou 16
être un cerveau brûlé 30
être un cossard 21
être un dégonflé 29
être un drôle de coco 37
être un drôle de gaillard 81
être un drôle de type 81
être un dur à cuire 28
être un froussard 29
être un grand escogriffe 13
être un gros bonnet 75
être un gros nul 48
être un homme d'expérience 28
être un lèche-botte 6
être un lèche-cul 6
être un malchanceux 52
être un molasson 34
être un Monsieur je-sais-tout 37
être un mou 34
être un oiseau de malheur 52
être un rabat-joie 74
être un rat de bibliothèque 42
être un trouble-fête 74
être un vieux renard 28
être un vrai fainéant 21
être un zéro 48
être une bête de travail 6
être une chiffe 34
être une girouette 20
être une grande bringue 13
être une grande perche 13
être une grosse légume 75
être une nouille 34
être une plaie 47
être une poule mouillée 29
être une tête brûlée 16, 30
être une tête de cochon 16
être une tête de lard 16
être une tête de pioche 16
être une vieille bique 87
être vexé 63

91

Register

F
faire d'une pierre deux coups 23
faire de la lèche 58
faire de la nuit le jour 46
faire des chichis 25
faire des manières 25
faire des yeux comme des soucoupes 70
faire du tapage 75
faire du vacarme 59
faire faux-bond à qqn. 70
faire l'autruche 38
faire l'école buissonnière 12
faire la bamboula 51
faire la bombe 51
faire la bouche de poule 45
faire la bringue 51
faire la fête 51
faire la fine bouche 47
faire la gueule 47
faire la tête 41
faire le fanfaron 51
faire le fou 8
faire le pied de grue 10
faire le tapin 71
faire le trottoir 71
faire les beaux yeux à qqn. 8
faire les yeux doux à qqn. 8
faire mouche 66
faire prendre des vessies pour des lanternes 85
faire qqch. les deux doigts dans le nez 42
faire qqch. les deux doigts dans le nez 65
faire qqch. les yeux fermés 65
faire son beurre 56
faire tintin 60
faire tout un cas de qqch. 7
faire tout un plat de qqch. 7
faire un boucan d'enfer 59
faire un foin 75
faire un petit somme 48
faire un tam-tam 73
faire un tapage 59
faire une bévue 13
faire une boulette 13
faire une drôle de tête 10
faire une grosse gaffe 13

faire une montagne de tout 45
Faut pas se gêner ! 88
ferrailleur 56
foncer tête baissée 38
fourrer son nez partout 47
foutre la paix à qqn. 61
foutre le camp 15
froussard 5
fumer comme un sapeur 65
fumer comme un turc 65
fumer comme une locomotive 65

G
gagner le large 11
gagner sa vie 14

H
haut comme trois pommes 17
hors de prix 53
hurler avec les loups 84

I
Il a la frite. 80
Il a la pêche. 80
il était moins une 27
Il faut faire preuve de patience. 74
Il n'y a pas de quoi ! 79
Il pleut à torrents. 12
Il pleut comme vache qui pisse. 12
Il pleut des cordes. 12
il s'en est fallu de peu 27
Il se croit sorti de la cuisse de Jupiter. 35
il va y avoir de la bagarre 22
il va y avoir du grabuge 22
il va y avoir du vilain 22
Il y a anguille sous roche. 20
Il y a qqch. qui cloche. 20
il y a un hic 33
Ils nous le paieront ! 86
inutile 36

J
J'en ai assez ! 49
J'en ai marre ! 14, 49
J'en ai ras le bol ! 14, 49
J'en parlerai à mon cheval ! 81

Je l'ai sur le bout de la langue. 88
Je le vois venir avec ses gros sabots ! 46
Je m'en bats l'œil ! 84
Je m'en fous ! 66, 84
Je m'en tape le cul ! 66
Je n'ai pas trop envie ! 13
Je n'en ai rien à glander ! 66
Je ne sais plus où j'en suis. 79
Je ne sais plus où mettre de la tête. 79
Je pourrais encore m'en mordre les pouces ! 30
Je veux bien être pendu si... 11
jeter de la poudre aux yeux de qqn. 63
jeter des perles aux pourceaux 52
jeter l'éponge 28
joindre les deux bouts 61
jouer au grand seigneur 67
jouer au gugusse 8
jouer dans la cour des grands 26
jouer un mauvais tour à qqn. 78
jour pour jour 73
jurer comme un charretier 60

L
L'un tire à hue et l'autre à dia. 32
la cerise sur le gâteau 77
la coqueluche 42
La fin justifie les moyens. 88
La fortune sourit aux audacieux. 82
la loi de la jungle 34
la ramener 66
La vie n'est pas toujours rose. 31
Là, où il y a de la gêne, il n'y a pas de plaisir ! 88
lâcher la bride 88
lâcher les baskets de qqn. 61
laisser qqn. en plan 70
laisser qqn. tranquille 61
laisser tomber qqn. comme une vieille chaussette 36

Register

le b a, ba 5
le bouc émissaire 72
le coup de foudre 42
le grand chef 14
le pourquoi du comment 82
le singe 14
Le travail c'est la santé. 56
lécher le cul à qqn 58
lécher les bottes à qqn. 58
L'erreur est humaine. 33
Les bons comptes font les bons amis 25
Les conseilleurs ne sont pas les payeurs. 41
Les rangs s'éclaircissent. 58
les ravages du temps 86
leurrer qqn. 21
libre comme l'air 78
lutter en vain 54

M

machin chouette 16
Manque de bol ! 51
marcher sur les pieds de qqn. 47
Mêle-toi de tes affaires ! 83
mener grand train de vie 23
mener la grande vie 63
mener la vie de château 63
mener la vie dure à qqn. 40
mentir comme un arracheur de dents 9
mettre dans le mille 66
mettre la gomme 24
mettre la main à la pâte 28
mettre la zizanie 13
mettre le paquet 24
mettre le pied au plancher 77
mettre les bouchées doubles 15
mettre les choses au clair 75
mettre qqn. au placard 19
mettre qqn. dans sa poche 62
mettre qqn. sur la voie 68
mettre sa main au feu pour qqn. 28
mettre son grain de sel 66
mettre tous ses oeufs dans un même panier 36
Minute papillon ! 45

Mon oeil ! 26
mourir de rire 76

N

n'avoir l'air de rien 47
n'avoir ni queue ni tête 28
n'avoir plus que la peau et les os 29
n'avoir que la peau sur les os 59
nager comme un fer à repasser 19
ne faire qu'une bouchée de qqn. 62
ne pas arriver à la cheville de qqn. 82
ne pas avoir le coeur à l'ouvrage 62
ne pas avoir le dessus 39
ne pas blairer qqn. 59
ne pas dire un mot 53
ne pas être de la dernière pluie 25
ne pas être présentable 62
ne pas être sortable 62
ne pas être très éloquent 57
ne pas être un cadeau 47
ne pas être un grand parleur 57
ne pas faire de grâce 51
ne pas faire de quartier 51
ne pas fermer l'oeil 7
ne pas l'entendre de cette oreille 50
ne pas lever le petit doigt 22
ne pas mâcher ses mots 12
ne pas mettre les deux pieds dans le même sabot 79
ne pas ouvrir le bec 44, 53
ne pas piper mot 53
ne pas pouvoir blairer qqn. 75
ne pas pouvoir encadrer qqn. 59
ne pas pouvoir sentir qqn. 75
ne pas pouvoir voir qqn. 75
ne pas remuer le petit doigt 22
ne pas s'en tirer à son avantage 39
ne pas se faire avoir 17

ne pas se fouler 10
ne pas se laisser prendre pour un con / un idiot 17
ne pas se laisser regarder dans son jeu 36
ne pas se prendre pour de la merde 11
ne pas tomber dans l'oreille d'un sourd 50
ne pas tourner rond 9
ne pas tout mettre dans le même sac 35
ne pas voir plus loin que le bout de son nez 74
ne pas y aller par quatre chemins 12, 77
ne plus avoir tous ses esprits 59, 78
ne plus avoir un poil sur le caillou 26
ne plus faire long feu 40
ne plus s'entendre péter 11
ne plus savoir à quel saint se vouer 18
ne rien y comprendre 9
Nom d'un chien ! 80
Nom d'une pipe ! 80
nu comme un ver 54

O

Œil pour œil, dent pour dent. 7
On aura tout vu ! 31
On lui donnerait le bon Dieu sans confession. 79
On ne fait pas d'omelette sans casser les œufs. 23, 67
On ne t'a rien demandé à toi ! 77

P

parler de la pluie et du beau temps 26
parler ouvertement 73
pas âme qui vive 44
Pas de chance ! 51
Pas de panique ! 13
pas de pardon 51
Pas envie ! 13
pas un chien 44
passer la nuit debout 46
passer une nuit blanche 46

93

Register

payer les pots cassés 8
pédaler dans la choucroute 69
perdre la boule 59, 78
perdre la tête 59, 78
perdre les pédales 18
perdre son latin 39
péter 87
péter dans la soie 23
péter la forme 25
petit bled 35
petite épicerie 73
piquer un fard 76
piquer un petit roupillon 48
pleurer comme une madeleine 60
poireauter 10
poltron 5
porter la culotte 32
poser un lapin à qqn. 81
poule mouillée 5
pour des prunes 36
pour rien 26
pour une bouchée de pain 6
pratiquer la politique de l'autruche 38
prêcher pour sa paroisse 62
prendre des airs hautains 31
prendre la clé des champs 11
prendre la poudre d'escampette 45
prendre la poudre d'escampette 11
prendre la tête à qqn. 81
prendre ses cliques et ses claques 66
prendre ses jambes à son cou 10
prendre son courage à deux mains 30
prêter l'oreille 50
promettre monts et merveilles 11
promotion canapé 49

Q

qqch. ne tient pas debout 28
Qqch. n'est pas catholique. 20
Quand on parle du loup, on voit la queue. 75

Que diable ...? 83
Que le diable m'emporte si ... 11
Quelle déveine ! 51
Quelle merde ! 65
Quelle poisse ! 65
Qui a bu, boira. 36

R

rabattre le caquet à qqn. 24, 44
ragots et potins 37
ramener sa fraise 66
rapide comme l'abeille 12
rapidement 39
rechigner 41
régler un compte avec qqn. 57
remuer les écus à la pelle 25
rendre fou qqn. 81
rendre la monnaie à qqn. 30
renvoyer l'ascenseur à qqn. 30
ressembler à qqn. trait pour trait 27
ressembler comme deux gouttes d'eau à qqn. 27
rester bouche-bée 45
rester le bec dans l'eau 7
retenir qqn. par des promesses 68
réussir qqch. très facilement 42
rire comme un bossu 40
rire dans sa barbe 21
risquer le paquet 36
risquer le tout 36
rouler à toute blinde 22
rouler à toute vitesse 22
rouler qqn. 21
rouler sur l'or 25

S

s'affaler épuisé 81
s'aplatir comme une carpette 39
s'ennuyer à mort 76
s'entendre comme larrons en foire 51
s'enticher de qqn. 46
s'étendre de tout son long 81
sa tête est un billard 26

sans force ni énergie 62
Sans rancune ! 79
sans tambour ni trompette 63
sauter aux yeux 7
sauter de joie 15
se brûler les ailes 22
se casser la tête 31
se casser le cul à faire qqch 6
se creuser la cervelle 31, 38
se croire plus savant qu'un autre 37
se donner des grands airs 51
se faire avoir 41
se faire chier comme un rat mort 6
se faire des couilles en or 47
se ficher de qqch. 16
se fourrer le doigt dans l'oeil 84
se foutre de qqch. 16
se graisser les pattes 56
se jeter à l'eau 30
se jeter à l'eau par peur de la pluie 58
se la couler douce 15
se lécher les babines 82
se mêler de tout 47
se mettre dans de beaux draps 18
se mettre dans de mauvais draps 74
se mettre dans une mauvaise situation 74
se mettre la ceinture 59
se mettre sur son 31 64
se montrer sous son meilleur jour 42
se mordre les doigts de qqch 6
se pâmer 40
se prendre la tête 31
se retirer des affaires 61
se retrouver avec qqn. / qqch. sur les bras 27
se sauver 15
se sentir bien 53
se soulager 43
se tromper dans son calcul 57
séance tenante 30

94

Register

secret de polichinelle 25
semaine des quatre jeudis 48
serrer la ceinture d'un cran 59
serrer la vis à qqn. 62
servir de chaperon 6
Son heure a sonné. 78
suer sang et eau 87
sur le champ 30

T
taille de guêpe 83
tant qu'à faire ... 83
Tel père, tel fils. 6, 80
Telle demande, telle réponse. 82
temps de chien 63
temps de cochon 63
tenir la jambe à qqn. 50
tenir les rênes 20
tenir sa langue 88
tête de cochon 55
tête de lard 55
tête de mule 55
tiré à quatre épingles 18
tirer les ficelles 20
tisser sa toile 56
tomber dans la misère 32
tomber dans le panneau 41
tomber dans le piège 41
tomber fou amoureux 27
tomber sous le charme de qqn. 80
Tope-là ! 65
toucher le fond 79
tourner à tous les vents 20
tourner autour du pot 36
tourner en rond 69
tourner les pouces 15
tous les 36 du mois 34
tout baigne dans l'huile 14
Tout doux ! 13
Tout juste, Auguste ! 24
tout miel 64
travailler comme un arrache-pied 75
travailler comme un bossu 6
travailler comme un cheval 53
travailler comme un forçat 53
travailler comme un fou 75

travailleuse comme la fourmi 12
trempé comme un canard 54
trempé comme une soupe 54
trempé jusqu'aux os 54
trinquer pour qqn 8
trois pelés et un tondu 48
trop caresser la bouteille 10
trouillard 5
trouver acheteur pour placer sa marchandise 44
truc 16
Tu n'en mourras pas ! 86
Tu peux attendre jusqu'à la Saint-Glinglin ! 66
Tu peux te le mettre au cul ! 32
Tu peux te le mettre où je pense ! 32

U
un affreux jojo 45
un bon à rien 48
un bout de choux 17
un campagnard 40
un canard boîteux 19
un coquin 67
un crétin 59
un cul-béni 64
un enfoiré 59
un épateur 64
un esbroufeur 64
un faux-cul 23
un feu de paille 71
un fripon 67
un froid de canard 63
un gros bonnet 14
un gros riche 14
un imbécile 59
un ivrogne 65
un jour noir 73
un m'as-tu vu 84
un mollasson 62
un paquet de nerfs 47
un pauvre abruti 59
un petit con 59
un petit vieux gâteux 74
un poivrot 65
un saoulard 65
un secret de polichinelle 50

un vaurien 48
un vieux clou 60
un vieux gaga 74
un vieux schnock 37
un vieux tacot 60
un vilain 67
un villageois 40
une affaire en or 14
une andouille 59
une aubaine 57
une bonne à tout faire 44
une bonne occasion 57
une bonniche 44
une goutte d'eau dans la mer 76
une querelle d'allemand 35
une tête de con 59
une véritable éponge 65
une vieille carcasse 63
une vieille gimbarde 60
une vieille peau 63
une vieille toupie 63

V
vendre la mèche 66
Vide ton sac ! 67
vider son sac 43
vif comme un écureuil 84
Vite, vite! 86
vivre aux crochets de qqn. 74
vivre avec son temps 86
vivre comme un coq en pâte 44
vivre d'amour et d'eau fraîche 43
Voilà ce qui s'appelle parler ! 84
voir la paille dans l'œil de l'autre mais ne pas voir la poutre dans le sien 9
voir trente-six chandelles 8
vomir tripes et boyaux 39
vouloir du mal à qqn. 78
vouloir péter plus haut que son cul 31
vouloir péter plus haut que son cul 60
vouloir une dégelée 21

Y
y mettre un coup 15

95